水邊行事

林伯奇
林義容……著

推薦序

台灣在地知識的力量—序《水邊行事》

三尾裕子（日本人類文化學者，慶應義塾大學文學部教授，東亞研究所所長）

台灣各地區的文化多樣性和豐富性，唯有通過詳細的實地考察才能理解和感知。在地文化存在於當地庶民口耳相傳的傳說，以及與這些傳說相對應的各種實物—自然物、人造物、無形的存在中，要瞭解其中的深層含義和生活智慧，就必須虛心傾聽這些人事物的聲音。

我與本書第一作者林伯奇先生的緣分已有十多年，最初是透過林美容教授（中央研究院民族學研究所，亦是本書的第二作者）的介紹而認識。對台灣讀者來說，林美容教授是台灣人類學和民俗學領域的權威自不必多言，她出版的關於民間信仰、民間佛教和其他主題的書籍更是不計其數。林教授和我都對台灣的民間信仰和民俗感興趣，我們經常合作進行調查，其中多次由林伯奇先生擔任嚮導。我非常感謝林伯奇先生與我們分享他那豐沛的，尤其是和雲林、嘉義、台南、高雄等地有關的民間信仰和民俗知識。在我們的交往中，我瞭解到他曾走遍台灣各地，四處調查。每當與他前往寺廟或市街上踏查時，經常會看到當地居民向他走來，他們之間的關係遠超出研究者和報導人，更保持著著良好的友誼。還有一次，我跟別人去考察一場民俗祭典時，竟然在當地偶遇了林伯奇先生，我猜想，他的研究風格是：如果他聽說東方有什麼祭典節日，他就會飛往那裡，如若他認為西方有著有趣的民間傳說，也會立刻動身去收集。

林伯奇先生出生於嘉義縣新港鄉，在對當地文化和信仰表現出濃厚興趣和熱愛的家庭和社區環境中長大。在從事大學教育與進行研究者工作的同時，他還透過「新港奉天宮世界媽祖文化研究暨文獻中心」，致力於弘揚媽祖信仰和文化。

我很高興林伯奇先生和林美容教授根據他們多年的研究，出版了一本與「水」為題的闡述民間信仰的新書。仔細想想，「水」在台灣漢人的民間信仰中，很多地方都扮演著重要角色。我所研究的王爺中，亦有很多都是乘船來到台灣；在儀式中需要前往水邊迎接神明再送回的情形，也極為常見。河流在給人們帶來恩澤的同時，也會因氾濫帶來傷害。因此，往往會出現將河流比作泥鰍等魚類或動物的傳說，說河流的改道是由於這些精怪的橫衝直撞，而在神明幫助下消滅祂們就能使水患平息。這樣，「水」既與人們的生活緊密相關，也融入了日常的信仰中。

然而，迄今爲止，雖然這些與水相關之儀式和傳統在個別神祇和土地公的研究中被單獨討論過，但據我所知，尚未有專門著作將這些儀式和傳統與各種與水有關的現象並列研究，並說明其異同。從這個意義上來說，林伯奇先生和林美容教授的這本書非常有價值，因爲他們詳盡調查、記錄了台灣與水有關的信仰、傳統和儀式。這本書不僅讀起來有趣，而且做爲未來研究的基礎也具有很大的價值。

在全球化的今天，有一種說法認爲，具有傳播力量的精英主義文化正滲透各地方現場，世界逐漸趨同的論點也屢見不鮮。在人們更加相信科學的當今世界，依靠信仰來祈求豐收、感謝豐收、平息災難的想法往往被認爲是過時的。另一方面，例如日本長期遭受地震造成的海嘯破壞，因此有不少傳說和信仰，當中隱含著適合當地生態條件能避免災害的方法。然而，這些知識並不一定能夠傳承給後代，類似的問題在台灣也可能存在。遺憾的是，由於人口流動、少子化、高齡化等的原因，這樣的傳承面臨著迅速流失的危機。爲了防止根植於社會的生命知識因知識的同質化和現代科學的主導而流失，像林伯奇先生和林美容教授這樣的腳踏實地的現場研究至關重要且必要，我在閱讀這本書後再次深信不疑。我衷心希望每個人都能深入理解這本書，對地方信仰產生興趣和關注，以便使每個讀者周圍豐富的地方文化皆得以傳承。

作者序

上善若水，斯水斯情

林美容

早年我在研究土地公廟的時候，做爲土地之神與里社之神的土地公信仰，讓我體會到土地公與水的密切關連，土地公會「把水尾」、「巡田水」、「顧澗門」，在在展現漢民族農業生活中水的重要性，有水斯有財，傳統的民俗概念也延伸到工商社會對於錢財和生意的概念，所謂的「錢水」，說明錢財像水流一樣進來，錢財要流通，有出才會有進。

後來我研究媽祖，發現媽祖除了是海神之外，也是水利之神，媽祖會「掃溪路」，所謂「大道公風、媽祖婆雨」，以及「媽祖愛潦溪」等等，都說明媽祖對海水、溪水、雨水等具有控制的靈力。

累積了一些對台灣民間信仰的觀察，二〇〇六年七月廿八日至卅一日，我和我的學生林伯奇在韓國江原道華川市政府所主辦的「2006 Hwacheon Water-World

Traditional Plank Festival Scholarship Conference」，發表了一篇〈民間信仰中的水邊行事〉，首度標舉了「水邊行事」的用詞與概念，也列出了台灣民間信仰中許多相關的儀式與活動。沒想到伯奇之後在他日常的跑廟會行程中，特別關注了水邊行事的部分。這本書其實是他十幾年來累積的田野資料的彙整，我並沒有出什麼力，只是在書的架構與細節文字的訂正上出點意見。

本書所記錄各種各樣的水邊行事，很多其實都是在偏遠、交通不便的地方舉行，不是什麼大廟的廟堂之禮，也不是一般喜歡跑廟會的年輕朋友會去觀看的地方。但是民俗意涵更爲濃厚的水邊行事，卻與庶民百姓的生活有更密切和直接的相關。本書第一章記錄了從泉水、井水邊，到埤圳、溪河，再到海邊的相關行事，第二章記錄了按月份排序的代表性水邊行事，第三章書寫了各地對水難之預防與處理的民俗實踐與儀式作爲，第四章羅列許多科儀中與水相關的物事，儘管這一章的內容比較蕪雜，但是全書的內容大致林林總總地呈現了台灣民俗信仰中水邊行事的全貌與細節。

特別值得一提的是書中所收錄的傳說故事或諺語，豐富了我們對台灣各種水域河川的個性化的理解。斯土斯民，斯水斯情。上善若水，也可以說，這本書用水及其相關儀式訴說了我們對台灣的情。民俗信仰中諸多的水邊行事，是一種民俗智慧與文化資產，期待大眾都能理解與欣賞。

目次

第二章 逐月水邊行事 63

序曲

漢民族基本上是農耕定居、安土重遷的民族，有著敬水和畏水的傳統觀念，覺得「水」是凶險的所在，因而產生一套與水共存互不侵犯的信仰習俗。然而，先民卻同時有著冒險犯難的精神，蓽路藍縷渡過黑水溝，來到四面環海的這座福爾摩沙島──台灣。

流傳於台灣的種種民間信仰中，較爲人所知的，是與火有關、熾熱的香火觀；與之相對的，以水做爲論述中心的討論，則較少被提及。本書將從地表湧出的泉水出發，深度發掘台灣這塊土地的水邊行事。

水邊的祭祀之所以開始，與人類的生存息息相關，人不可一日無水，先民發展無不需要水資源；因此，爲求安居，無不先找尋水源，並感謝其源源不斷地供給。而後因爲民生所需，開井、建渠、挖埤、修圳，與此同時，水可載舟亦可覆舟，有如大地血管的河川，可以帶來交通便利與經濟繁榮，但有時也帶來嚴重的災害，如何讓溪流平順，這都是人類需要面對的重要課題。

春夏秋冬四時變化，人們順應著節氣的更迭而生活，並順應時節產生相關的祭拜儀式，春去秋來年復一年，十二個月在台灣都有著不同的節慶習俗，在海邊、河邊、溪邊、或圳邊舉行的水邊行事，由這些共同記憶，制定一套順應時節的生活模式，民俗活動與祭祀儀式，也是凝聚地方在地共識的基石。我們試圖說明其儀式的內容，並探討其意義。

回顧歷史，台灣早期水患嚴重，爲祈求免於災厄，先民試圖讓神明一起來治理水患，水邊常有神明移溪的故事，人們除了請神鎮水，還會用相生相剋之法來治水，最常見的是立石、種樹、建塔等。如不幸遇到水難，之後常會伴隨著大瘟疫，因此會將屍體集中立祠奉祀，讓這些無主的屍體有所歸宿，避免危害人們的生活。台灣各地也都有「浮屍立廟」的習俗，尤其是在離島地區，面對廣大的海洋和隨著潮水漂流來的屍體，有著一套因應而生的祭祀模式。

而台灣傳統祭典儀式中，更有許多與水相關的醮典與科儀，漢人的本源觀念中有「木有本、水有源」。各種宗教在儀式進行中，「水」是重要的元素，道教認爲經過火與水的煉度，而達到潔淨的昇華；水可以上升爲氣，氣可布滿整個空間，氣又能凝結爲水，從天而降洗滌汙穢，水又流動將物品帶向遠方，水又可集合爲海，包容萬物，水可以是最爲多元的變化。水府神明業務相當多元，水族、財寶、漁獲、航行、水患等，都受水府管轄，人民敬奉水神，亦是對水所給予一切的尊敬。

老子認爲，如果在世界上找一樣事物來描寫「道」，最適合的就是「水」。在台灣民間信仰中，「水」便是生活中的一部分。金生水，爲五行相生之道理，因而演化出水能聚財，錢水活絡的經濟繁榮象徵。天、地、水三元素，先天水庫的豐滿，而帶來此世的富有，讓水象徵著富饒。

與水有關的民間信仰，第一時間我們會想到的是王船，在本書中，我們僅略微帶到，會再另有專書討論。除了王船，前文叨叨絮絮羅列的諸多行事，都是台灣重要的水邊行事，可證水的信仰一直在你我身旁發生；爲使閱讀有更多趣味，我們亦將合適的網路資源以 QRCODE 形式編排於內頁，方便檢索探詢。藉由本書的書寫，期盼每位讀者都能留意身邊有趣的水邊行事。

第一章　從湧泉到海洋

生活中的水。

先民克服一切困難跨海來到台灣落地生根，要得以生存，水資源的取得，便是重中之重的第一步。先民選擇水邊居住，或是開始尋找水源豐富之地定居，因爲人可以一天沒有食物，卻不能一天不喝水。尤其是在大航海時代中，乾淨水源的取得更是不容易，船中水源的補給與維持乾淨，更是對航海的一大挑戰，在航海紀錄中，船員飲用到不乾淨的水而生病者比比皆是，如何方便取得補給的水，是航海相當重要的一件事。

由於當時尋找乾淨的水源相當困難，所以能找到合適的湧泉，便是上天眷顧與恩賜。加上當時要鑿井並非易事，也需依賴神明庇佑，在台灣有許多以神明或龍虎命名的古井，祈求媽祖而得井的就會稱「聖母井」；與鄭成功有關的稱爲「國姓井」；觀音佛祖指示的「觀音井」；龍虎命名的「虎井」、「龍目井」等，以護佑井水源源不斷。

人們開發定居後，便需要大量土石建屋，就地取材挖出一個個窟仔（khut-á），雨後就將水儲存起來以備灌溉與養魚之用，人多田多後水窟仔不敷使用，便開始開鑿水圳；水圳的水要靠河流，在沒有水泥只有土堤的年代，溪河因洪水爆發而改道，辛苦的開發常常付之東流，台灣的主要溪流因此有許多神話產生。我們將從地表湧出來的泉水出發，來找尋台灣人「生活ê水」的信仰文化。

台中市龍井區，因此口龍目井而得名。

湧泉相關的水邊行事

苗栗縣苑裡鎮泰田里天然湧泉，居民常在此洗衣，水源長年不竭。

湧泉，是地下水天然露出至地表之處，當含水層或含水通道被破壞露出地表時，地下水便湧出地表成泉。泉，是地下水一種重要的排出方式。地下水雖然分布很廣，但泉卻並非到處都有，而是在特定的地形、地質、水文條件下，才可能湧出成泉。一般在山區和丘陵的溝谷中及山腳下，平原地區比較少見。根據水流狀況的不同，可分爲間歇泉和常流泉，與井水的差別在於人工的鑽探。台灣出現湧泉的地方，都伴隨著觀音的信仰，如觀音的甘泉寺、社頭的清水岩、高雄打鼓山喝水巖，都是自然湧出的甘泉水，加上觀音佛祖的加持，成爲眾人爭相取用的泉水。

觀音甘泉寺—甘泉井

桃園觀音區地名由來，可追溯至清朝咸豐十年（一八六〇），竹北二堡石牌嶺庄之農工黃等成，往返耕作途中在觀音溪裡，拾得一酷似觀音菩薩的黑色石頭，將之供奉瞻拜，稱爲石觀音，後在此庄建石觀音寺，便以此爲

桃園市觀音區甘泉寺，甘泉亭汩汩泉水治百病，吸引很多香客前來取水。

地名，亦稱爲石觀音庄。

兩百年前醫療不發達，人們患病後常祈求神明庇佑，有位居民受到神靈指示，說發現石像處所湧之泉水具有治病療效，靈驗事蹟相傳甚廣，信徒便前往取泉水飲用。在修建廟宇時因感念觀音佛祖所賜之神泉，因而更名爲「甘泉寺」，更在泉水湧出處搭建涼亭，供人取水飲用，兩百年來泉水不間斷。每年農曆四月廿二日，稱爲「觀音出水日」，該日便是撿到觀音的日期，廟宇熱鬧爲地方盛事。

高雄龍泉寺—龍巖冽泉

龍目井位於高雄柴山登山口旁，有「龍巖冽泉」之美景，是清末鳳山八景之一，早年曾冷泉奔湧，後來因過度開發導致枯竭。

「龍泉禪寺」，因「龍目井」而得名，龍泉的由來據說爲國姓爺鄭成功到內惟時，內惟居民正爲旱災所苦，因此請求國姓爺幫忙，國姓爺遂率領兵將及地方父老，在山腳下設壇祈雨。隔天即發現山腳下噴出兩口清泉，形狀就像龍的眼睛，因此取名爲「龍目井」。

寺名來自寺後之龍目井，源自於打鼓山的「龍巖洌泉」，故名「湧泉寺」。又因龍目井之水，大旱不涸，故湧泉寺亦稱「喝水巖」。一九二三年，地方人士李榮等人，於原址鳩資改建，並重新命名爲「龍泉寺」。

高雄市鼓山區喝水巖「湧泉寺」，今更名「龍泉寺」。

在龍目井邊還有一間有名的媽祖廟「龍泉宮」，主祀天上聖母與福德正神，龍泉宮原爲土地公廟，後因林姓先民自同安原鄉奉請二媽前來台灣，媽祖選上此地「龍吐甘泉」之寶穴，便與土地公合祀於龍泉宮。

彰化社頭清水岩寺—甘露泉

彰化縣社頭鄉清水村「清水岩寺」，建立於清雍正六年（一七二八），嘉慶四年（一七九九）才移至現址，與花壇虎山岩、南投碧山岩合稱中部三大名岩。清水岩寺又因地出泉水，風光明媚而有「清水春光」的美名，更是彰邑八景之一，配合十八彎古道，開發爲清水岩森林遊樂區。

彰化縣社頭鄉清水岩，寺前天然湧出的「甘露泉」。

台南市白河區關子嶺「水火同源」，為台灣奇景之一。

「清水岩」祭祀範圍包含武東、武西堡共七十二庄，範圍涵蓋社頭鄉、員林鎮、永靖鄉、田尾鄉、埔心鄉等村落；現在由鄰近的山湖村、清水村與埤斗村共祀。

清水岩，因寺旁發現「甘露泉」而得名，長年泉水不斷，泉質甘甜，日治時期就與北投長壽泉、台東美人泉名列台灣三大名泉，平常就有來自各地的民眾前來取水，尤其是端午節常有大排長龍取水之景。

台南關子嶺—水火同源

在台南白河關子嶺，有一處特殊的地理景觀，名爲「水火同源」，從其名解釋，便是水與火從一個洞穴中冒出之奇景，也因此吸引相當多觀光客。

水火同源位於火山碧雲寺東南方，參徹禪師偶然發現水火同源奇景後，火勢就未曾熄滅。水火本不相容，因此特殊地質，天然氣與泉水同時湧出，形成「水中有火，火中有水」的特殊天然景觀。

傳說關子嶺住著一隻「火麒麟」，水火同源是麒麟頭、關子嶺溫泉區是麒麟腳，而泥漿溫泉是麒麟尿。另一傳說是遠古時代火龍和水虎大打出手卻兩敗俱傷，最後火龍化爲火、水虎化爲泉才有此景。

日治時期，關子嶺觀光溫泉區的開發，連帶帶動了此處景點，日人也在湧泉及出火處雕刻不動明王供人膜拜，當地稱之爲「火王爺」。

小琉球碧雲寺—龍目水

「琉球嶼」又名小琉球，位於屏東縣東南方海上的一座小島，要從屏東東港搭船前往。清乾隆年間島上便有人居住，全島面積六．九平方公里，現在是台灣熱門的觀光島嶼之一。

琉球嶼的信仰中心「碧雲寺」，是島民的心靈寄託。傳說，碧雲寺觀音佛祖，來自南海普陀山，某日南巡至台灣，見到一座小島形似蓮花，神靈便降駕來此弘法。觀音佛祖神像原爲一尊土佛，在信眾人數增加後，便找師傅雕塑金身，建草廟奉祀，稱之爲「觀音亭」。後來因信徒絡繹不絕，便擴建寺院於澳山頂。

在碧雲寺山腳下，原草建廟宇之處，有一小池泉水稱之爲「龍目水」，據傳觀音佛祖選擇此地爲「蟳仔穴」，泉水量不大卻從未乾枯，並在泉水湧出之處修築一口井。近年來將其修築爲一座休憩的小公園，水質乾淨清甜，現今仍有許多人會來此取水。

屏東縣琉球鄉碧雲寺山腳下的「龍目水」，水質甘甜，水量不大卻終年不竭。

古井相關的水邊行事

嘉義市東區的「荷蘭井」，又稱為紅毛井。

井，是人工從地表取水的工具。早期開鑿的水井多爲土井，由於泥土井壁極易坍塌，致使井水混濁，先民爲保持井水清澈，築井的技術也日趨改良，出現竹井、木井、陶井、石井與磚井，荷蘭時期嘉義的「紅毛井」，便以當時容易取得的林投爲砌築材料。由於彼時淡水取得不易，取得乾淨可食用的水源，便是一件相當重要的事。要出現聚落，除了天然水源，水井的開鑿更是起始的重要資源。

台灣自古便有奉祀井神或井水龍王之俗，許多著名的井水相關祭祀便應運而生，爲保持其水源穩定，井邊的祭祀也伴隨而生。如大甲的「劍井」上面就有一座國姓廟，澎湖的萬軍井旁有澎湖開台天后宮與施公祠；金門金城鎮牧馬侯祠旁的「藥井」，很多地方也在水井邊建福德祠，台南府城更將井神格化爲王爺。

大甲鐵砧山—劍井

鐵砧山，位於大甲東北方，北鄰大安溪，因山上地勢較平坦，有如打鐵用的「鐵砧」而得名。

明末國姓爺鄭成功部將，被當地土番圍困於鐵砧山上，缺乏飲用水，軍士皆苦不堪言；帶隊將軍禱告於天，以寶劍插地頓見甘泉湧出，士氣大振，歡聲雷動，土番見鄭軍如有神助，驚駭之餘紛紛逃散，鄭軍得以解圍。

如今插劍處，修建成一井，泉水湧出不斷，歷四百多年歲月變化，猶不乾枯。爲感念此事蹟，便於劍井上方建有國姓廟，香火相當鼎盛。附近居民常會取井水回家泡茶，所沏之茶口感香醇使

台中市大甲區鐵砧山「劍井」，傳說為國姓爺插劍湧泉而得此井。

齒舌生津。

據傳當年插劍時辰正是端午節當天的午時，所以大甲劍井的午時水，自然與眾不同，更具有其歷史意義。每年的端陽佳節，居民多會來祭拜劍井並汲取午時水。

澎湖縣馬公市施公祠斜對角的「萬軍井」。

澎湖—萬軍井

萬軍井，位於澎湖馬公市中央街一巷十一號旁，施公祠斜對面的角落。古井外壁已抹上現代水泥，不復見三、四百年歷史的古井樣貌。但其對台灣開發史的意義仍相當重要。

施琅將軍一向善於利用風水、信仰來創造對自己有利的局勢，康熙二十一年（一六八二）十一月起，施琅率領三萬水兵在福建平海練兵，待機進攻台灣。澎湖廳通判周于仁撰《澎湖志略》所述，康熙二十二年（一六八三）六月，施琅攻占澎湖之後，師苦無水，於是施琅禱於天妃，古井因而湧出甘泉，可供數萬官兵飲用，汲之不竭，施琅以媽祖顯靈庇佑來安定軍心。

因爲此井安定軍心，施琅帶來在平海訓練的水師班兵，後於井邊建立廟館「海壇館」，爲澎湖防衛六館駐軍其中之一，又因水源能供給萬員士兵飲用，而命名爲「萬軍井」。

彰化八卦山－紅毛井

彰化文學之父賴和曾爲「紅毛井」撰詩云：「紅毛去久矣，留得井一眼。

彰化縣彰化市中山里「紅毛井福德祠」，位於紅毛井旁而得名。

市上水自來，抱甕人不見。木葉封井欄，泉味亦遂變。至今護井神，冷落香煙斷。」

彰化市紅毛井福德祠，位於彰化市中山路二段五四二－十一號，八卦山麓的山腳下。福德祠前的紅毛井，是彰化市區重要的飲用水源，彰化市區土壤偏砂質，所以水質較差，嘉慶年間胡應魁所寫的〈古月井記碑〉就記錄彰化縣城水質不佳，但城外的番仔井和紅毛井適合飲用。

福德祠是信眾陳腰等人於一九七六年興建，廟身尺度甚小，廟門兩側有聯：「土厚泉流遠、地靈水自清」及「土潤泉豐湧、地靈水淨甘」。因爲水源清澈，也常有居民前來井邊洗衣，近年來市政府將其整理爲一小型公園，供遊客參觀休憩。

高雄永安－井仔公

高雄市永安區保寧社區舊稱「烏樹林」，烏樹林庄以蘇姓爲主，蘇姓先祖爲明永曆十七年（一六六三），由福建泉州府南安縣來台，據傳族人蘇飛鳳科考中進士，蘇鳳記、蘇飛鳳兄弟在烏樹林開枝散葉，地方稱爲「蘇姓四房」。

因巷口有一口古井，此區域舊地名爲井仔腳，兩百多年來井水不曾乾涸，蘇家歷代先祖都靠這口井水得以延續生存，先人就立下每年農曆七月十三日要普渡祭拜「井仔公」，飲水思源感念古井的養育之恩。

高雄市永安區蘇姓先民世代用水之井。

井仔腳大約在一九七〇年代開始自來水普及，古井就成了當地的一處古蹟，每年井仔公普渡是井仔腳蘇姓四房的一大盛事，供品數十桌，普渡完就辦桌請客熱鬧滾滾。但近年來人口外移，族人擲筊請示井仔公是否停辦普渡，二〇二〇年爲最後一次舉辦，「井仔腳井仔公普渡」習俗因而停止。

台南市仁德竹篙厝—井王爺

台南市仁德區竹篙厝，位於台南府城東門外，昔時城外的東方與東南方爲人煙稀少的荒野，由於位在地勢較高的台地、也無河川橫貫，境內又多爲旱地沙埔，竹篙厝爲當地較早開發的聚落。

在台南市古井調查資料中，不難發

現許多古井出現於竹篙厝聚落，當地居民以陳氏先祖較早前來此地開發。在仁德竹篙厝有一座仁和宮，其主神爲「井一千歲」或稱「井王爺」，爲陳姓祖先爲了感念古井供給全家生活所需的水源，目前都供奉在陳家經營的「重論實業公司」大廳中。

五尊井王爺造型相當特別，爲嘉義林玉海師傅所雕刻，其造型除井一王爺文身造型外，其餘四位王爺皆爲武將造型，每位王爺亦持不同之法器，臉上都刻有水滴，相當特別，其聖誕爲農曆五月初一。

台南市仁德區竹篙厝仁和宮「井王爺」前往台南玉皇宮領旨。

埤圳相關的水邊行事

嘉義縣水上鄉，舊地名叫做「水堀頭」。

庄頭聚集越來越多人時，水的需求亦隨著增加，不是一兩口井可以解決的。人們開始尋找水源，或在較低窪的地方挖池塘儲水，以備在乾季無水之需，所以很多早期的聚落裡面，都有許多大大小小的「水池」或是「水窟仔」、「水潭」，台灣便出現許多相關的地名如：雲林縣「大埤鄉」、嘉義縣水上鄉「水堀頭」、桃園中壢「雙連埤」、池上鄉「大埤池」、口湖鄉「象鼻湖」、桃園「龍潭」、苗栗「獅潭」、「七星潭」等，當地居民爲了答謝這些埤塘，常會擇日祭拜，尤其是能自動湧泉的埤塘更充滿神話傳說。

隨著移民人口不斷增加，土地越開墾越多，出現圳道的需求，水源保衛戰也隨之產生。能有一塊塊良田，當然這些圳道便是最大的功臣，從清朝到現在，從私有到公辦，一直滋潤著這塊土地上的農作物。

台南市麻豆區，水堀頭的龍喉穴傳說石碑。

麻豆水堀頭—龍喉穴

麻豆昔爲倒風內海之汊港，港水流經社北迄於東側之水堀頭。斯時閩台通航，船隻往來台灣與福建，商賈雲集非常繁榮，當時的麻豆爲最熱鬧的街市之一。麻豆地區相傳，此地理龍脈自六甲赤山巖一帶向西南延伸，途經麻豆往海濱方向，麻豆水堀頭地區位居龍喉位置（龍喉穴）。

相傳於清乾隆年間，一地理師來到麻豆地區，發現此「龍湖鳳穴」爲極佳風水寶地，且附近適逢斑芝花盛開，猶如皇帝出巡之傘蓋。恐此地有出天子之相，清廷爲免危及國運，故派地方官員假藉造水堀頭橋來便民的名義，實則暗中敗壞地理。堪輿師在此作法後，再以三十六顆石車、七十二顆巨石埋入地底，破壞龍湖鳳穴。

龍喉穴不再出水，水堀頭港也因泥沙淤積，逐漸失去港口功能。近年來因爲重新整治，讓泉水再度湧出，加上大台南的經濟發展，眾人不免提到龍湖鳳穴的傳說。

美濃水伯公—里社真官

高雄市美濃區，爲南部地區的客家重鎮，清代的美濃水利設施共有「龍肚水圳」和「中圳埤」兩個系統。龍肚水圳是乾隆三年（一七三八）由龍肚庄鍾丁伯率先捐資領眾開

高雄市美濃區龍肚庄里社真官伯公。

鑿，灌溉受益田地約數百甲，日治時期開設竹子門水力發電所，規劃「獅子頭大圳」，讓美濃成爲水源豐富的美麗鄉鎮。

美濃的水伯公，可說是水神與伯公信仰的融合，在美濃就有三座水伯公，分別位於龍肚、美濃庄、與九芎林，這三座被稱爲「里社眞官」的伯公祠，里社眞官都在聚落外圍、圳道的出口處，把持水口守護鄉里。

美濃三座里社眞官伯公壇，皆位於全庄水流匯聚分水點上，該處更係全庄農作等生活倚重的水源，成爲美濃風土歷史的重要地標。一九九八年五月，三座伯公壇被列入高雄縣定級古蹟。

竹田達達港—糧埤伯公

屏東縣竹田鄉糶糴村，有座舊達達港「糧埤伯公」，用於運送米糧的水埤頭，古稱「達達港」，當時是竹田地區將收成稻米透過水運，運送至東港、中國等地貿易的主要集散地。因此就在糶糴村設立河口港，港口舊遺址現爲水閘門。

糧埤伯公廟位於糶糴村龍頸溪水門旁，該伯公的建立是用於祈求糧食運送平安順利，故得名「達達庄糧埤伯公」。結合新舊地名稱全名爲「舊達達港糶糴村糧埤伯公」，又稱「糧埤福德正神」。伯公廟建築爲涼亭式的土地公廟，庇佑此地渡船頭的合

屏東縣竹田鄉達達港「糧埤伯公」。

境平安，物豐民富。

廟旁還建有一座紅磚造的古樸「敬字亭」，專爲焚化字紙的亭爐，顯示客家人對字紙的敬重，字紙視爲古聖賢的智慧結晶，不可任意丟棄或踐踏，必需敬字惜紙，將之撿拾送至字爐火化以回歸古聖賢，聊表敬意。但竹田鄉的惜字亭或文筆亭大都建於水邊，除了禮敬字紙外，還有鎮水防止水患之功能。

八堡圳－施世榜與林先生

八堡圳，是台灣歷史悠久與重要圳道之一，施世榜在康熙四十八年（一七〇九），於半線地區（今彰化縣）引濁水溪之水築圳，從當時番界濁水庄（今名間鄉濁水村）取水，在二水鼻仔頭截源入圳，歷經十年，於康熙五十八年（一七一九）完成。

這是清代台灣灌溉面積最廣，也最重要的一條水圳，一般人習慣稱爲「施厝圳」。灌溉範圍東螺東、東螺西、武東保、武西保、燕霧上、燕霧下、線東保、馬芝保，因灌溉彰化縣十三堡其中的八堡，也稱爲「八堡圳」，範圍相當於今彰化市、員林市、和美鎮、鹿港鎮、北斗鎮、田中鎮、溪湖鎮、花壇鄉、二水鄉、永靖鄉、田尾鄉、埤頭鄉、溪州鄉、社頭鄉、秀水鄉、大村鄉、福興鄉、埔鹽鄉等十八鄉市鎮，是清初全台最大的水利系統，對彰化平原開發的貢獻及影響深遠。

彰化縣二水鄉源泉村林先生廟。

《彰化縣誌·卷之二·水利篇》第一五七頁記載：「施厝圳：在東螺保，源由濁水分流。康熙五十八年，莊民施長齡築，時圳道難通，有自稱林先生者，繪圖教以疏鑿之方，於是通流。灌溉五十餘里之田，迨圳成欲謝之，查尋並無其人。今圳寮奉祀神位，不忘功也。」

後人爲緬懷林先生恩德，特別在圳寮（今鼻子頭）八堡圳分水門旁興建「林先生廟」，在廟中供奉「林先生祿位」。左右配祀開圳有功的施世榜及黃仕卿祿位，並建埤立文。每年國曆十一月，八堡圳舉辦「圳頭祭」，近年來結合社區與表演團體，轉換成二水「跑水節」，吸引相當多觀光客前來參加。

東西圳—汪寶箴

東西圳，是彰化地區第二條重要的圳道，東西圳分爲第一、第二、第三圳，最早是一圳，創於清雍正四年（一七二六），第二圳築於乾隆年間，第三圳則興築於乾隆三十一年（一七六六），同爲楊志申所建。

清乾隆四十五年（一七八〇）由張韜及楊志申將第一、第二圳的取水口合併，此後稱爲東西一二圳，現稱爲東西第一二圳幹線；東西二圳，於「快官」引進貓羅溪溪水，繞過八卦山麓、柴坑仔匯入彰化市，二百年來源源不斷供水給彰化、和美與線西的

彰化縣彰化市東西二、三圳進水口汪先生廟。

大片良田，使彰化縣不僅有「台灣穀倉」之稱，也孕育彰化成爲人文薈集之處。

汪寶箴，浙江錢塘人，清咸豐年間於彰化地區當師爺，人稱之「汪師爺」，其見聞識廣，又喜好水利之事。咸豐八年（一八五八）洪水沖毀東西二圳，業主和田主、佃戶之間在重修時發生嚴重的利益衝突，汪寶箴來回奔走，化解糾紛，順利完成修築工作。當時人們感念他調解之功，特地在圳寮設置長生祿位。圳寮後來改建，長生祿位就移到彰化水利會大竹聯絡處辦公室二樓，二〇〇七年彰化農田水利會爲安放祿位，倡議興建汪先生廟於東西二圳取水口，以爲紀念。

曹公圳—曹謹

曹公圳，爲高雄地區重要的水利設施。曹謹於清道光十七年（一八三七）一月，任鳳山知縣，到達鳳山縣署後，遇到大旱，下鄉巡視田畝，來到九曲堂時，臨下淡水溪畔，看到溪水潺潺而流，感嘆地說：「是造物者之所置，而以待人經營者，奈何前人置之而不理，毋乃暴殄天物歟！」於是在當年夏天，召集工匠，依照地形高低，開圳鑿埤，開九曲塘，築堤設閘，引上游之溪水，以灌溉萬頃平疇，紓解百姓乾旱之苦。

到任隔年，開圳完成，圳長四萬三百六十丈，道光二十一年，鳳邑又逢大旱，眾議籌築新圳，曹謹即授意由歲貢生鄭蘭（興隆里人）、附生鄭宣治（赤山里人）率眾開鑿大

高雄市鳳山區曹公祠，紀念縣令曹謹。

圳，自九曲塘起，迄下草潭止，歷時二年，計築圳四十六條，灌田二千零三十三甲。新圳開鑿時，曹謹已陞淡水廳同知，地方仕紳爲紀念他籌創之功，乃命名爲「曹公新圳」，灌溉系統也由鳳山地區延伸到左營一帶。

曹公圳從高雄市大樹區九曲堂引高屏溪水，經由曹公舊圳（五里舊圳）、曹公新圳（五里新圳）、鳳山圳、大寮圳、林園圳五個系統，灌溉高雄市大樹區、大寮區、鳳山區、鳥松區、仁武區、大社區、林園區、楠梓區、左營區、三民區、苓雅區、新興區、前金區、小港區、前鎮區等地區，成爲孕育高雄地區的搖籃。

鳳山地方仕紳感念曹謹恩德，釀

資在鳳儀書院旁修建曹公祠，擇定農曆八月十五日拜祭曹謹。一九九二年，負責管理曹公祠的高雄農田水利會，爲曹謹雕塑金身，以神像取代長生牌位，改稱「曹公廟」。可以說是繼二水林先生廟後，另一座因建立水圳有功的祠廟。

曹公謹祿位。

溪河相關的水邊行事

台灣的河川，河身短、坡度大、水流急。

台灣山脈大多為南北走向，有中央山脈、雪山山脈與海岸山脈等，因山脈主要較偏向東邊，所以河川東短西長。又因冬夏季雨量較不平均，南部在冬季時經常因降雨量過少形成枯水期。台灣的河川具有下列特徵：河身短、坡度大、水流急，最長的濁水溪長僅一八六公里，而坡度則達四十六分之一。洪峰流量十分可觀，面積兩三千平方公里的集水區域，經常出現每秒一萬立方公尺以上的洪水量。河流含沙量大，濁水溪因而得名。

先民沿水而居，對這些河川可說是又敬畏又感恩，河流不僅帶來便利的交通與繁榮，但也時常帶來嚴重的災損，所以常傳說河中有重要的生物與風水傳說。

大甲溪—鯉魚伯公與石母神

鯉魚伯公廟，位於台中市東勢區文化街一一三號。東勢因毗鄰大甲溪，溪水經常氾濫成災，於是有人在街道下方斜坡處用石頭砌建石崁，隨地形起伏的石崁狀似

台中市東勢區鯉魚伯公。

一條鯉魚，尤其一個個堆砌的石頭恰似魚鱗。附近居民覺得這種景觀很奇特，就在魚頭處安置土地福德神位，供奉伯公。伯公座龍身長約一六〇公尺，因爲造型有如鯉魚，居民便稱之爲鯉魚伯公，居民有疑難雜症前來請示，都很靈驗，香火相當鼎盛。

相傳鯉魚伯公廟的下方，本來有一天然水潭（現為自來水廠），潭裡有一隻金螃蟹，經常在夜間出來活動。有一位英國傳教士，發現潭中金螃蟹便將牠捕走，順手也拿走另一個寶物金扁擔。從此，東勢的風水就改變了。

英國傳教士抓走金螃蟹後，大甲溪年年暴漲，沖毀兩旁的護岸，使得河道越來越寬，居民只好往內遷移，但大甲溪水就是不曾沖襲過鯉魚伯公廟一帶。附近居民感謝鯉魚伯公護岸有功，特別將土地公廟升格爲永安宮，來表彰鯉魚伯公長年顯靈，安定鄰里之功。

廟前設有「石母神」，相傳石母神是生於龍宮的鯉魚，躍水後吐出明珠降世，當地居民爲求子女平安長大，會到廟裡認石母神爲義母（契母），奉祀石母娘娘，與鯉魚伯公一同享受香煙。

濁水溪—金泥鰍與金鴨母傳說

濁水溪是台灣最長的河川，因其溪水夾帶大量泥沙，長年混濁而得名，其傳說也比台灣其他河流要多。

據說濁水溪源頭，住了一窩金泥鰍，泥鰍游動翻動溪底的泥土，造成滾滾濁流。有一日岸邊來了一隻金鴨母，下到溪裡追趕泥鰍，泥鰍受到驚嚇，便四處亂竄，使濁水溪大幅改道，人民田地與財產的損傷。

另一則傳說，濁水溪上游有著一隻修煉成精的巨大龍形鱸鰻，時常騷擾附近的居民，當地群眾不堪其擾又苦無對策，便祈求上天，望眾仙神垂憐。此時，恰逢竹山沙東宮開台聖王出巡，據傳國姓爺乩童拔劍斬殺，並沿溪追趕，鱸鰻精翻滾泥沙，受傷狡詐逃竄，造成濁水溪河道變遷，爲了防止鱸鰻精再次危亂，居民便雕刻國姓爺聖號之石敢當予以鎮守。所以濁水溪河岸邊，有很多國姓爺石敢當以免鱸鰻精再次作亂，國姓爺信仰也順著濁水溪傳開。

高屏溪—鯉魚精傳說

台灣第二大河的高屏溪也有傳說故事。高屏溪又稱下淡水溪，據傳住有雌雄兩尾的鯉魚精，從出海口處往上游亂竄，造成高屏溪氾濫。林半仙雲遊至此看見兩尾鯉魚精正在河裡作祟，便提劍斬殺公鯉魚，母鯉魚則快逃出海，因思念夫婿，每年都會回游而上，在回游時鯉魚山的泥漿就會噴發。

另一則傳說，下淡水溪常氾濫，所以在兩旁設立兩座佛寺鎮守，分別

彰化縣二水鄉濁水溪堤岸旁「開台國聖王」石碑。

是林園的「清水巖」與對岸相望的新園「赤山巖」，取其「水火同濟」之意來鎮住，但因地穴風水受到破壞而遭受氾濫之災。

因此，下淡水溪每到夏季就會氾濫，鯉魚山下的新園古街，又稱「下頭渡」，便常受水患之苦，大正十三年（一九二四）發生水患，新園全庄幾乎完全被淹沒，此時新惠宮媽祖降乩指示，需以咾咕石打造十二道犁頭鏢，然後埋在鯉魚山高崗亭廟（現為新園鄉田洋村福德祠）前的山腳下來鎮壓水患。

曾文溪—公母蛇鬧台江

曾文溪，為台灣第五大河，源自

屏東縣新園鄉鯉魚山十二石雕犁頭鏢。

台南市西港區曾文溪治水工程紀念碑。

阿里山，上游有南化、曾文、烏山頭三大水庫，提供南部地區的用水來源。但曾文溪的中下游，在日本人未整治之前，時常改道。當地稱曾文溪是青暝蛇（瞎眼的蛇），曾文溪與鹽水溪爲一公蛇一母蛇，兩蛇欲交會導致河川改道、洪氾不斷。潟湖因曾文溪改道等因素而日漸淤積，造就了台江內海浮覆的新天地。

日治時期的官員及技師，經多年監控與調查，在昭和六年（一九三一）舉行曾文溪治水工程開始，直到昭和十三年（一九三八）才告竣。曾文溪兩岸才正式擺脫洪氾之苦。曾文溪治水工程紀念碑，至今還被附近居民視爲鎮水碑。

在未整治之前，曾文溪與鹽水溪各庄遭受水患的侵擾，鄰近溪流的村庄，嚴重者因水患而滅庄遷村。村落常依神示種植神榕、安設鎮水營、鎮水塔，或於河道邊設置避邪物鎮水。爲求溪水能平靜無災，曾文溪沿岸有延續至今的「拜溪墘」儀式。

早期遭受洪水來襲的村民祈求玉皇大帝、眾神庇佑，爲答謝上蒼退去水患舉辦「退洪謝神還願」的祭典。據傳說蜈蚣可以剋蛇，所以在台南最出名的五大香科，都有出現「蜈蚣陣」的身影，這種水文化信仰活動可以說是相當豐富多元。

海洋相關的水邊行事

台灣因四面環海，對「海」的信仰文化，自然也多元豐富，各港口的漁民面對每天賴以為生的大海，自然更加崇敬。金門地區的拜海神；澎湖與恆春半島地區拜水仙王；台灣沿海的拜海墘；綠島拜澳頭；小琉球拜港腳等，無不表現出人民對大海的尊重與敬畏之意。經由祭祀，讓人們與海洋文化的關係更密切，進而更尊重大海。並將先民們與當地海域生活的習慣與模式傳承下去，讓這個海洋民族持續與海共生共榮。

箔子寮漁港—海巡尊王

在雲林縣四湖鄉箔子寮漁港旁，有一座海天宮，主祀水仙尊王，箔子寮海天宮建立於一九八六年，不固定年分在神明指示下需要去箔子寮港邊迎接「海巡尊王」，俗稱請「水火王」。迎請時固定會請三尊水王兩尊火王，火王在請來、祭拜完後用金紙將其送走，三尊水王則會被留下來，供奉於海天宮中，直到農曆十月十日水仙尊王聖誕，

雲林縣口湖鄉下箔仔寮海天宮，主祀水仙尊王。

村中謝平安後才讓三尊水王（水仙尊王）坐王船送至箔子寮港焚化。王船都是請外地糊紙師傅來村中製作，大小約有八尺，但請水火王並非每年舉行，後來也都不請火王，三尊水仙尊王亦雕塑金身，加上老乩童過世，現在都剩下拜拜而已，儀式已停止將近五十年。

此宮主神水仙尊王，也被稱爲「海巡尊王」，其神像造型與一般的水仙尊王不太相同。以往都爲紙糊，現今已雕塑布雕金身，並建廟於箔子寮港邊，自此便不再舉行請王的儀式。

金門—拜水府

金門縣位於台灣的西方，面積爲一五三．〇五六平方公里，位於閩江口，金門列島包含金門本島（大金門）、烈嶼（小金門）、大膽、二膽等十二座大小島嶼，行政區域劃分爲金城鎮、金湖鎮、金沙鎮、金寧鎮、烈嶼鄉，以及代管的烏坵鄉等六個鄉鎮。

金門四周環海，再加上戰地限制，保留許多閩南傳統的風俗習慣，像金門沿海聚落都有「拜海墘」、「拜海神」、「拜水府」等儀式，大部分地方都是將供品擺在海堤或沙灘上，面向大海祭拜；有些地方會立一枝黑色令旗代表水府。

據金門的調查資料得知，現今有拜海習俗的聚落，還有約八十個，有的地方一年一次，有的一年多次；但每次的祭拜對象不太相同，依其準備的供品與金紙，便可以知道其祭拜的對象。大約可以分爲兩大類型：一爲水府眾神如龍王、王爺、案君等；另一類爲水中諸魂如：老大公、好兄弟等水中陰魂等。祭祀時間不固定，許多地方是搭配該廟神明聖誕一起祭祀。

高雄茄萣—拜海墘與烏魚公籤

高雄市茄萣區拜海墘相當盛大，其中頂茄萣、下茄萣、白砂崙等地，迄今都還有拜海墘的儀式；但祭拜方式有些許變化，從早期個人在沿岸沙灘上，自行將祭祀供品，擺放在竹筏或舢筏上祭拜，因漁業逐漸萎縮，改爲集中辦理祭拜。

金門縣金湖鎮成功村漁港船戶「拜水府」。

茄萣興達漁港曾是全台最大的捕烏魚基地，極盛時期捕烏船隊多達數百隊，早年討海漁民爲瞭解烏魚魚況，都會向庄頭的媽祖婆、王爺公跋桮（puah-pue）請示，茄萣四大公廟因此發展出獨特的「烏魚公籤」跋桮文化，目前僅下茄萣金鑾宮仍保有這項傳統文化。

早期在冬至烏魚汛期過後，漁民會邀請歌仔戲班表演，以酬謝神明保佑豐收，同時也會利用這個祭祀活動，邀約全體船員及家屬，準備牲禮供品在漁寮前「拜海」感謝。

據當地的王船師傳口述，有些船戶還會製作王船燒給媽祖或王爺，感謝眾神在海上的照顧。茄萣地區漁業

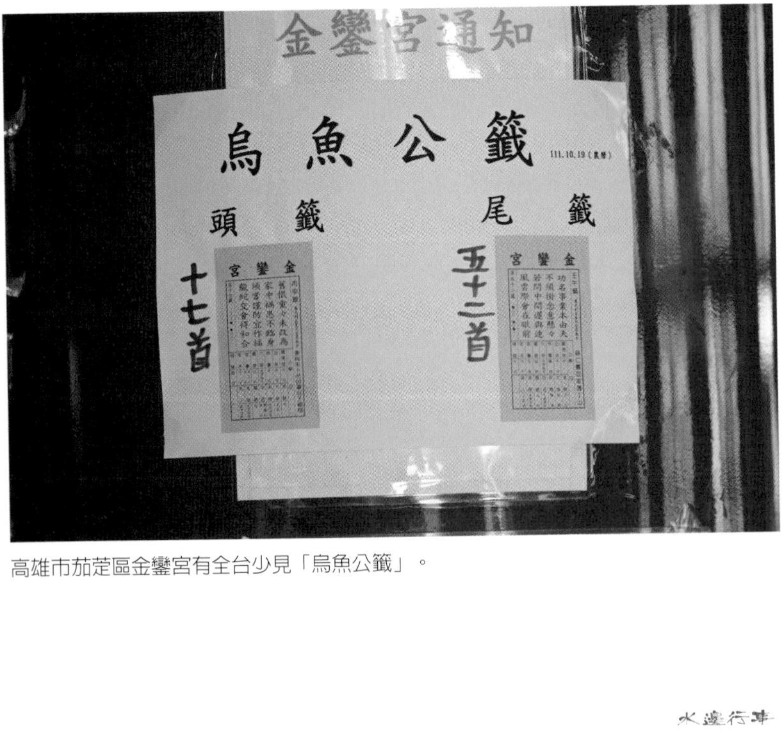

高雄市茄萣區金鑾宮有全台少見「烏魚公籤」。

乩童於溪邊恭請代天巡狩千歲爺。

到了後期沒落，拜海墘祭祀活動也隨著式微，但茄萣地區每次王醮所做的王船，船身之大全國數一數二。

本章節主要是探討與民生用水的相關水邊行事，提出台灣本島與離島二十三個祭祀案例，從自然湧出的泉水、人工開鑿的古井，再到水堀、湖、潭、埤、圳等水利設施的祭祀，因爲有這些設施，才有現今富庶台灣的農業。之後進入到台灣溪流，台灣的河川河身短、坡度大、水流急，又經常改道，造成河流中下游地區的氾濫，行水區的改變，讓住在水邊的居民生命財產受到威脅；但相對地，洪水過後肥沃的沙土，帶來豐富的收穫，河流兩岸的居民對河自然產生敬畏與期待。千川萬水終歸於大海，台灣四周環海，對海的祭拜更是虔誠，古人說：「靠山拜埔，臨海拜滬」，

西螺社口福天宮香擔。

台南麻豆海埔池王府請水火大典。

對賴以生活的環境之崇敬，每天靠海討生活的漁人，對大海的敬意更是虔誠。

漢人是一個「火」的民族，祖先與神明與治理的信仰都有「香火」的觀念，香火旺盛的意象。台灣人長久以來都以大陸性思考的強勢，海洋與水的信仰就會是配角，在生活的水文化信仰中，從祭水井拜水源，建廟紀念水圳的開發功臣，在在都表現出對幫忙控制水的神、人、事、物的感恩，讓水受到控制，讓火得以延續，這應該就是老祖先們所要傳達的理念。

濁水溪每年的沖刷與氾濫，帶來肥沃的土壤，造就沿溪兩岸鄉鎮為台灣重要的蔬菜產區。

第二章　逐月水邊行事

台灣一年十二個月有著許多跟水有關的節慶習俗，正月與新春有關、二月是土地公與水的信仰，三、四月農田需要用水所以有關於水圳的祭祀、五月端午節相關水邊行事，六月水災後的水邊信仰文化，七月中元節有關的放水燈、拜圳頭/拜壋仔/拜堤防，八月還福祭水，九月謝溪拜海，十月水官大帝、水德星君聖誕等，一年中在海邊、河邊、溪邊、或圳邊舉行的水邊行事，說明其儀式的內容，並探討其意義。透過生活在海島的台灣漢人留存的水邊行事，探知漢民族對水的一些民俗概念和認知。

春夏秋冬四時變化，人們就順應著節氣的變換而生活，並衍生相關的祭拜儀式，春去秋來年復一年，什麼時間撥種，何時鋤草施肥；靠海生活的人們出海捕魚時節，就會知道有什麼樣的漁獲，該如何捕魚。由這些共同記憶，制定一套順應時節的生活模式，民俗活動與祭祀儀式，也是凝聚地方在地共識的基石。

因爲環境的不同、族群的差異，讓各地有不同的風俗，而形成各地的特色，在河邊、海邊、潭邊，逐月都有其相關的水邊行事，成爲一套與水有關的台灣年俗。

生活在溪邊的人民，為了感謝堤岸的保護，每年都會「拜溪岸」。

正月的水邊行事

彰化縣員林市泉州寮福源宮旁的「井仔公」。

正月初一　新春汲水

從前沒有自來水時，井水的使用相當廣泛，據《白虎通．五祀》中說，五祀者，謂之門、户、井、灶、土，人們很早就有祭祀行為。在台灣，大年初一第一次去打井水時，會祭祀井神；先在井垣放上金紙，在井邊插上香，燒完金紙後才能打水，意思是祭拜古井神，保佑一年水源豐盛。

在彰化泉州寮福源宮，其主祀神「井仔公」，在那可以看到三口如今已不再使用的古井。一口最老的古井，現今用鐵欄圍住，井垣旁設有三座香爐，主要是在祭祀當地的三水井，初一、十五前來取水時，眾人都會先祭拜最早的開基古井。

據當地先民傳說大年初一要來祭拜井仔公，由於現今自來水的普及，所以水井祭拜也漸漸沒落。

正月十五　野柳神明淨港

野柳保安宮，位於新北市萬里區，是野柳地區主要的信仰中心。野柳神明淨港起源於一百多年前，有一艘從中國載著非法販賣人口的「金和順號」帆船，在風浪中觸礁沉沒，船上乘客全數罹難。開漳聖王透過乩童指示村民在港外紮營，告知將親自淨港，以守護漁港潔淨、保佑村莊平安。

野柳在地人大多以海維生，爲了感念眾神明的恩典，在每年正月十五日早上舉行神明淨港儀式，成爲野柳特殊的文化活動。這項傳統延續至今，更在二〇〇八年被登錄爲新北市民俗無形文化資產。

整個淨港儀式在元宵節當天舉行，上香祈福儀式做爲開端，隨後恭請神明及來賓長官登船，搭乘漁船繞行漁港巡視，進行「淨海巡洋」以驅邪除厄，保佑漁民出海平安。返航後舉行「神明淨港」儀式，由在地民眾抬著神轎，從廟前港口衝刺躍下，再游至對岸登陸，潔淨港域洗淨晦氣。最後進行「神明過火」，由勇士們抬著神轎踩過燃燒的炭火堆，爲神明去除周遭晦氣，增添靈力。儀式結束後進行村中遶境，保祐村里平安。

新北市萬里區野柳保安宮。

二月的水邊行事

高雄市美濃區美濃二月祭福德爺福廠，福廠是客家人指稱舉行儀式所搭建的臨時祭壇。

美濃二月祭

二月在南部六堆客家地區，配合昔日的農耕時序在美濃河畔舉行祭典，稱爲「二月祭」，並於祭典中請戲班演戲酬神，也稱作「二月戲」。

美濃庄二月戲，在傳統農業社會時代，歷來都在荖濃溪上舉行，表面上是祈求河江伯公護佑，溪水平順兩岸無災，另一方面是祈求冤死在河中的無祀男女孤魂，來年不要作祟。從此活動的進行，我們可以瞭解先民對河水的倚重與敬畏，庄民爲感謝一年來河水、土地賜予人民生活上的豐厚，向守護溪水的河江伯公與長年守護村落的土地伯公敬拜，已成爲美濃人共同的記憶！

二月祭的祭典包含三個儀式：一爲敬伯公；二爲祭河江；三拜天公（還神）。祭儀當天下午在嗩吶八音團前導下，由福首與禮生帶旌旗、伯公轎迎請土地伯公入壇受祀，隨即祭河江，晚上拜天公還神、敬伯公，祈求風調雨順、五穀豐登。

三月的水邊行事

台中市大屯十八庄恭迎天上聖母。

三月初一至十九　東堡十八庄迎媽祖

大屯十八庄迎媽祖又稱「十八庄迎媽祖」，昔有水患，但迎十八庄媽祖時，陣頭行過溪底路，香插到哪裡，大水就跟著到哪裡，成爲溪路，使村莊免於淹水之苦，稱爲「掠水路」。因有此靈驗事跡，十八庄的迎媽祖活動迄今不墜。

活動進行期間，初九日的大里內新新興宮（又稱為八媽廟），一九五九年八七水災時，大里溪決堤，大屯區一帶成爲水鄉澤國，死傷無數。但八媽與眾媽祖率領天兵天將在新興宮後的竹林內作法，將旱溪從原本南門橋一帶分流而出，形成現今日新橋段的分流，使村民度過劫難。

十六日的霧峰丁台新登宮，供奉聖母爲彰化南瑤宮分靈之「二媽」。日治時期，因烏溪護岸未修建，導致丁台村地區逢雨必淹，常遭水患。於日大正年間，村中耆老魏冬水、何樹等前往彰化南瑤宮恭請「二媽」金身前來丁台村，移溪治水，保佑合境平安，成爲丁台村之信仰中心。

十八庄迎媽祖，此一活動始於清朝時期，下哩子的頭旗，居民稱爲「十八庄媽頭旗」，爲同治十年（一八七一）所置。十八庄迎媽祖遶境活動中，共有七頂神轎十一尊媽祖，分別爲東女慈聖宮、大里福興宮、大里振坤宮、大里新興宮、大突寮聖恩宮、烏日新南宮、旱溪樂成宮，東女慈聖宮神轎除了慈聖宮聖母，還坐著彰化南瑤宮、台中萬春宮、芬園寶藏寺等媽祖。迄今仍於每年三月初一至二十日之間舉行。

三月初七　新威勸善堂祭河江敬義塚

高雄市六龜區新威勸善堂，每年農曆三月七日，舉行祭河江敬義塚祭典儀式，新威庄即是荖濃溪畔最北的客家聚落，新威庄當地居民的信仰中心爲勸善堂和聖君廟，勸善堂爲鸞堂，主祀三恩主（關聖帝君、孚佑帝君、司命真君）。

祭典一大早，準備豬、羊、米、粄、水果、糖果、葷素等牲禮至二坡村荖濃溪畔，舉行誦經法會，感謝這一年來帶給地方風調雨順，農作物豐收，並祈求來年庇護河川的水量充足。眾人來到荖濃溪旁，開始分工合作擺神壇及祭壇，把轎上的神明請下來，供奉在神壇；要送字紙灰的祭壇則擺設在靠溪邊的地方。

祭河江祭壇上設有三個神位，用紅紙製作的香位，中間用毛筆書寫著「龍宮水府暨

高雄市六龜區新威聖君廟。

列尊神香座位」、「南無大願地藏王菩薩香位」與「本溪屬內河伯水陸無祀諸魂香位」三個神牌位，每個牌位前供奉五種水果、五種糖果、五種粄粿等祭品，「本溪屬內河伯水陸無祀諸魂香位」位前另加供奉三牲祭品，祭壇兩旁有全豬、全羊和整袋的米等祭品。

在主祭壇四周，另擺放四張祭桌，祭桌上供奉三牲五種水果、糖果與粄粿等祭品，這四張祭桌主要是一起祭拜四方的好兄弟。從祭河江的祭品中，不難發現注重普渡的部分，與閩南人的「祭溪頭」類似。二〇一六年十月十二日指定爲高雄市定民俗。

嘉義縣布袋鎮新塭嘉應廟「衝水路迎客王」。

三月廿七　布袋新塭衝水路迎客王

布袋新塭的嘉應廟，所迎的代天巡狩客王，為七尊的巡山客王與十三尊的巡海客王。每年農曆三月廿七日會出巡至新塭的港邊，由奉祀於廟中的游天王與尹府千歲兩位王爺來迎接巡狩王爺，此時正殿所有神尊都需請至旁邊的臨時壇安置，因為此時的嘉應廟為王府。

農曆三月二十六日上午，前往附近的廟宇請神，分別恭請北港朝天宮「糖郊媽」、朴子配天宮「正三媽」、鹿草中寮城隍廟「三城隍」、南鯤鯓代天府「吳府三千歲」等神尊，前來參加請客王活動，當地的人會稱這些來作客的神祇爲客神。請客神來之後，就會舉行遶境，家家戶戶都會備香案來迎接神祇，經過五營頭時會舉行安營的儀式。

農曆三月二十七日的子時，舉行王位安座儀式，將殿內所有的神祇請出，此時的嘉應廟正殿轉換成代天巡狩的行台，放置留守的遊山大王與遊海大王，平常都以金紙上書代天巡狩來代表王爺，到了十二年大科時則會糊製紙糊王爺聖像，將其安置於王府中，等著開光儀式。

嘉義地區請王的時候，一定會看到輦轎，這是較獨特之處。三月二十七日上午八點，新塭地

嘉義縣布袋鎮新塭嘉應廟巡山巡海客王座。

區眾神明都會集合到嘉應廟前。嘉應廟的吳三王、尹王爺、游天王會分坐三頂輦轎，在眾人的鑼鼓與呼喊中，開始發輦，三位王爺會爲二十尊的代天巡狩開光，之後一一請入殿中安座，再出發至王船碼頭，恭請代天巡狩千歲爺。時辰一到，所有的神轎都會衝下水去恭迎客王，過後在王船碼頭繞行一圈，上岸回嘉應廟，完成整個迎客王的儀式。

在請王回來後，便開始祭拜客王、賞兵、拜天公等儀式，農曆三月二十八日下午七點，再次由三頂輦轎恭送王爺至王船碼頭，指示遊山王爺、遊海王爺出

嘉義縣布袋鎮新塭嘉應廟十二年一次恭送巡山巡海兩艘王船。

嘉義縣布袋鎮新塭嘉應廟宮送遊山與遊海王爺。

港位置，之後將添載米包、金紙堆好在輦轎的指示下點火。十二年建醮時就會製作巡山巡海兩艘王船，來恭送代天巡狩的千歲爺，是台灣相當少見的王船信仰祭典。

四月的水邊行事

彰化縣伸港鄉伸港福安宮「安大營」安放廿三間宮廟竹符。

四月初　彰化伸港福安宮媽祖安營

彰化縣伸港鄉福安宮，爲伸港地區的信仰中心，伸港鄉爲大肚溪出海口之南岸，南堤岸地勢低，又是鬆軟的沙岸，每當梅雨降臨，水勢洶湧常有潰堤之危，沿岸居民懇求福安宮伸港福安宮三媽，施法移溪。

日昭和四年（一九二九）設立八卦石敢當；碑額刻「石敢當」三字，碑身中間鐫刻先天八卦與河圖紋飾，下半段題刻「福安宮天上聖母」、「鎮煞平安」。是相當少見有落款年代的石敢當。昭和八年（一九三三）伸港福安宮三媽奉旨出巡三天，並引導水流往北移以杜絕水患，各保神駕、轎輦齊集南堤，待時引水移溪。時間一到集眾人與眾神之力，將溪水往北推移，讓南岸遠離洪水之苦。

溪水北移之後，伸港各廟每年會舉行聯合安營儀式，伸港地區的五營信仰十分健全，在伸港鄉外圍設置十二個「營頭（大營）」，除了東營、南營、西營、北營以外，又增加東南營、西南營、西北營及其他的「營頭（大營）」，這些營頭護佑著伸港福安宮十八庄的人民，從其十二個營頭安放位子來看，可以發現營頭像防線包圍著大肚溪，可見溪水與伸港鄉有著密切關係。

　每年農曆三月由福安宮主委與各村里長、信徒們一同焚香，向媽祖擲筊決定安營遶境的日期，因配合境內信徒工作之需求，多半先以週末爲主的日子來擲筊，多在農曆四月舉行。

　大營上有一枝伸港福安宮的營竹與廿三間宮廟的營竹，排法爲中間爲「伸港福安宮」，大邊

彰化縣伸港鄉福安宮安大營神轎。

彰化縣伸港鄉福安宮安大營。

爲「值年聖大爐爐主村之宮廟」，小邊爲「先鋒之宮廟」，其餘則依照當年宮廟之番號排列。另在大營有五營兵將之糊紙物（馬匹、旗子、涼傘與轎子），並不以營位來區分，在營竹上也不會像庄廟安營時的營竹特別標記營位。

五月的水邊行事

端午節懸掛菖蒲、艾草、午時水、五毒符。

端午節相關水邊行事

農曆五月五日端午節在台灣稱作「五日節」，有時書面也稱端陽或午日節，每逢此時，家家戶戶包粽子、插艾草，有些靠水的地方則舉行划龍舟比賽，蔚爲盛事。而取午時水的風俗雖未必普遍，仍有許多家戶施行。

佐倉孫三的《台風雜記》提到台灣的端午時，強調當時「鬪船」的盛況：「台島亦有端午之事，稱曰祭屈原之靈云。此日作粽，兒童懸香玉於胸，詣神廟；大人則稱鬪船，壯夫八九人，乘輕舸，試競漕，宛然我短艇競走者也。而其舉動最究劇烈，或翻旗幟、或鳴鼓鑼，觀者歡呼，聲如雷霆，可謂壯舉矣。」

在端午節進行龍舟比賽之前，會進行「祭江」，而賽會後舉行「謝江」的儀式，各地儀式有所差異，但都是拋灑部分祭品進入江中，祭祀水中亡靈，祈求比賽平安的意思，有時也演出謝江戲。

宜蘭二龍村龍舟競渡

宜蘭二龍村龍舟競渡，是台灣保留相當完整龍舟競渡文化的地方，整個活動分為三個部分，先前準備、競渡開始與競渡結束。

宜蘭縣礁溪鄉二龍村二龍競渡。

競渡之前的事先準備工作相當繁複，有：「製旗疏河」、「修整、固定龍舟」、「龍舟迎神、淨香、點睛與祭港」、「下水」、「獻紙頭」、「邀請」、「插旗」。距今二二一年的一八〇二年開始，每年四月，二龍村長出面邀請上下庄耆老、仕紳等，開龍船會，這一切準備，都是在維繫人員安全；表達對神明與河水的敬重，經過這些儀式讓船有靈性，帶給地方平安順利。

競渡當日，首先要由主隊選擇水道，稱爲「開港路」，參賽的隊伍要來回划行水道一次，敲鑼與獻紙頭，再返回起始點後燃放鞭炮，以潔淨賽道，祈求人員平安。整個活動最後的儀式爲「謝神」或稱「請龍船看戲」，二龍村民將附上神靈的龍舟，當成神一樣對待，在競渡完成後，會演戲酬謝龍舟、神明，俗稱龍船戲，謝神完成後才代表今年的龍舟競渡儀式完成。

彰化鹿港端午迎龍王

在彰化鹿港，每年在龍舟競賽前會有一個「龍舟下水」儀式，依例迎請鹿港龍山寺的「龍王尊神」，與鹿港天后宮的「水仙尊王」，一同前往龍舟比賽現場，舉行龍舟開光和下水儀式。

鹿港龍山寺的龍王尊神，只雕刻龍頭，且龍角是以眞的鹿角鑲嵌於龍頭上，造型相當特別。鹿港龍山寺

彰化縣鹿港鎮龍山寺鹿港慶端陽龍王祭活動。

「迎龍王尊神」的習俗，日治時期一度中斷，一九七八年才又重新恢復。目前鹿港龍王尊神遶境的時間與龍舟競渡配合，於端午前舉行，遶境時從龍山寺出發，前往迎鹿港天后宮水仙尊王，先往龍舟競渡場地舉行祭祀及龍舟開光點睛儀式，祈求活動平安順利。除了鹿港以外，麥寮拱範宮也有奉祀龍王尊神，除此兩地以外就少見到。

鹿港龍山寺迎龍王尊神，源自泉州原鄉流傳許久的端午習俗，稱為採蓮或嗦囉嗹，龍王尊神為航海的守護神之一，《泉州府志》記載：「五月初一採蓮，城中神廟及鄉村之人以木刻龍頭，擊鼓鑼迎至民家，唱歌謠勞以錢或酒米。」泉州城內與安海、石獅等古鎮，至今保留採蓮及迎龍王的習俗。安海民俗「嗦囉嗹」是端午節迎龍王趨吉避凶，並且在家家戶戶插上菖蒲艾草，灑上雄黃酒，可以說是一個屬於端午水的習俗。

乞午時水

午時水是指端午節當天正午所取的水，用容器裝起來，放在陰暗的地方，相傳水質不會變壞，如患有熱病的病人，飲用午時水療效甚佳，因此有五月五日取午時井水沐浴，一年疫氣不侵的說法。台灣民間流傳一句諺語：「午時水飲一口，卡好補藥吃三年。」也有人說：「午時洗目睭（眼睛），金到若烏鶖。」

台灣各地許多廟宇，也會在這一天取「午時水」，將取到的午時水分裝成罐，放於

彰化縣鹿港鎮護安宮往二水水源地取午時水。

廟中供人索取，這樣的習俗以彰化鹿港最爲常見。其中又以彰化鹿港的護安宮敕取午時水活動最爲盛大，在端午之前護安宮主神會降駕指定取水地點，例如一九九四年指定取水地點於彰化二水鄉上豐村的一處山泉。

端午節當天早上由鹿港出發至二水，所有參與的神轎皆在山下等候，由法師唱念請神咒，恭請坐於小轎中的吳府千歲降駕，降駕後，神轎隨即上山至泉源處，在小法團的協助下舉行祭山神、土地的儀式，感謝山神土地照顧這一口泉水。祭拜後，小法會舉行敕水買泉的儀式，首先是唱念龍王請神咒，恭請龍王來賜泉，再由法師以三支清香敕取泉水，最後象徵性丟下十元於泉中表示買泉，此時護安宮吳府千歲的乩童會用七星劍插於泉中高喊「取水」，此時大家爭相取用，完成端午取水活動。因爲其活動相當有名，來廟中索取午時水的信眾相當多，每回取水都需要帶兩台的載水車取水，才足夠民眾的需要。

竹南中港慈裕宮端午祭江與洗港

苗栗縣竹南鎮中港，是清領時期的重要港口，其地理位置介於基隆港與鹿港中間而被稱爲

苗栗縣竹南鎮中港慈裕宮端午祭江與洗港。

竹南小轎與乩童為祭江洗港儀式的重要腳色。

中港，其地媽祖廟慈裕宮頗有盛名，更是全台金銀紙製造中心。

竹南中港的「祭江」與「洗港」儀式由來，源自於清道光六年（一八二六），彰化粵人李通事件發生，再度掀起大械鬥，蔓延中港溪以北各地，中港一帶最爲慘烈、屍橫遍野。加上中港溪溪水氾濫，居民便恭請中港慈裕宮天上聖母，結合地方眾神的力量舉行祭江洗港儀式。此儀式於二〇〇九年登錄爲苗栗縣民俗無形文化資產。

每年慈裕宮會先發函邀請當地的大小各廟一起參加，端午節下午一點多左右開始祭江與洗港的儀式。由媽祖壓陣出巡，抵達「小橋宮」前的第一個角頭後，再沿著往西的溪圳前進。途中每隔一段路便往溪中灑金紙，在每個路口或橋樑，隨行的乩童更得行驅逐邪魔的儀式，這種儀式相當簡單，先在橋樑或路口的四個角落，按東、南、西、北的方位燒金紙、撒鹽米，並用鯊魚劍或刺球劈砍自己的身體，然後在橋中央，朝河中灑符水、小袋米包、金紙等，最後再操演巫器一番，儀式便告完成。

虎頭埤水庫與嘉南農田水利會「圳頭祭」

虎頭埤，位於台南市新化區，清道光二十六年（一八四六）由大目降街（今新化）歐陽安所闢建，用以蓄水灌溉農田。清同治二年（一八六三）周懋琦撥款擴建，始稍具規模。日治時期，當局曾經整修堤防、設立閘門，並美化湖畔，被稱爲台灣第一水庫。

每年在第一期稻作收割後水圳放水前，配合水利節舉辦圳頭祭，祈求神明保佑農作豐收，在虎頭埤水庫舉辦圳頭祭，最初是在一九五四年開始，由於當年大旱嚴重缺水，地方仕紳商議後在新化朝天宮廟埕設壇，請廟內神農大帝祈雨，果然應驗。日後爲了飲水思源，且虎頭埤水庫更是新化地區五、六百公頃農田的共同水源地，隔年便在虎頭埤水庫進行圳頭祭儀式答謝神恩，也就流傳至今，後續嘉南農田水利會各地工作站也紛紛各自擇日辦理圳頭祭儀式，可說該傳統乃由新化地區開始，於虎頭埤水庫舉辦更有飲水

台南市新化區虎頭埤水庫，會舉行圳頭祭。

思源意義。

六月的水邊行事

彰化縣二水鄉濁水溪堤岸六月初三「普外溝」。

六月初三　濁水溪普外溝仔

明治三十一年（一八九八）歲次戊戌，當年六月下旬濁水溪氾濫，史稱「戊戌大水災」，這年因山區豪雨，濁水溪支流清水溪上游草嶺潭潰決，洪水傾洩河岸，水流大幅北移，從二水、溪州、北斗、埤頭，一直到二林等地，災情慘重。而濁水溪出山口的二水，在連日大雨後，濁水溪水如千軍萬馬一般奔入二水，鄰近溪岸的頂厝仔、苦苓腳、番仔寮、頂店仔、五佰步仔等村落的田全沒入水裡。

當時洪水奔竄到中埔仔，快到頂店仔時，水勢突然轉向西方，之後有庄民在河邊發現一塊木牌，刻有「國聖王」字樣，大家認為能倖免是國姓爺顯靈護佑。於是集眾人之力在發現牌令處設立「國聖王」碑以資紀念，並以每年農曆六月三日為祭祀之日，二水庄民稱這一天為所謂的「普」外溝仔，多會自備牲禮到濁水溪畔二水堤防上的國聖碑祭拜，其碑體高一九〇公分，寬一三五公分，為日治大正時期由二水庄民所共立。

每年陰曆六月初三或七月普渡，靠河地區的居民，家家戶戶挑著粿、米粉等祭品，來到堤岸頂祭拜。居民面對水患，惶懼之餘，只有祈求上蒼庇佑，逐漸發展出「祭溪」或到堤岸頂上拜「護岸」，或稱作「普外溝仔」、「普石岸」的習俗。與濁水溪一起生活的人們，對水的敬畏和崇拜不曾稍減，沿著濁水溪北岸，七月祭溪活動可說是一庄接一庄，直到出海口的彰化大城鄉，每年用竹籃挑著供品前往溪邊祭拜，成爲當地相當重要的無形文化資產，如今依然年年虔誠地行禮如儀。

基隆地區王爺海巡

基隆和平島古稱社寮島，是離台灣最近的離島，開發相當早，在荷西時期，西班牙人在和平島築城，稱爲聖薩爾瓦多城。社靈廟，即爲島上重要的信仰中心。

和平島社靈廟王船遊江，爲近年來基隆地區最爲活躍的王船信仰文化，王船遊江的遶境活動更是台灣王爺信仰中較爲罕見的。除了澎湖地區有類似儀式，大部分都集中在台灣東北角基隆、瑞芳一帶，其他地方則難得一見。每年農曆六月十五日前的假日，王爺都會乘坐廟內的永祀王船遊江巡海，以生肉等牲禮祭海上好兄弟，保佑漁民海上作業平安豐收。此活動曾經中斷三十多年，近年來才又重新舉辦。

基隆市和平島社靈廟王船遊江祈福。

另外，每年農曆六月十八日是協安宮池府王爺誕辰日，基隆外木山漁港在地居民會舉辦「王爺船遶港遊江」，由數十艘漁船組成的遶境船隊，分別載著王船、北管樂隊以及鼓隊，由東向西，從外木山漁港出發，分別航行至深澳漁港、基隆嶼、磺港、龜吼漁港及大武崙漁港。

一到港口，遶境船隊會在港外遶三圈行最敬禮，並接受沿海漁船「添載」儀式。此項淨港儀式，流傳至今一百多年，主要祈求王爺保佑海上漁民出海平安，漁獲滿艙。此王船與和平島社靈廟不同的是，其王船是由漁船載著，而非直接下水。

基隆地區雖是海港城市，長年靠

基隆市外木山協安宮海上王爺遶境。

基隆市外木山協安宮海上王船遶境。

基隆市外木山協安宮王船。

海維生，王船信仰文化卻不像南部盛行，但對王爺與媽祖的崇拜仍是其重要的信仰，近年來王船遊江的民俗活動加以推廣，成爲基隆王爺信仰的文化特色。

七月的水邊行事

水燈，類似紙糊房子，底下加上香蕉樹幹，讓其漂浮水面。

放水燈

《台海使槎錄》提到赤崁的習俗云：「更有放水燈者，頭家為紙燈千百，晚於海邊親然之；頭家幾人，則各手放第一盞，或捐中番錢一或減半，置於燈內。眾燈齊然，沿海漁船爭相攫取，得者謂一年大順。」

大型普渡前，都會舉辦放水燈的儀式，水燈是紙糊成房子的樣式，底下加上可以漂浮的物品（早期用香蕉樹幹，現在用保麗龍）。在紙厝寫上慶讚中元等字樣，有時還會書寫寺廟或會首的名稱，並且插上蠟燭和幾枝香。廟方工作人員與信徒手捧著水燈，在普渡舉辦的前一天，由道士領導，來到河邊或海邊，放在水上讓其漂流而去。象徵從遠方接引孤魂上岸，上岸前接受人間的普施與超度。基隆中元祭、宜蘭水燈節、嘉義城隍廟、地藏庵等普渡都有舉辦水燈遊街。

宜蘭城清代舊稱噶瑪蘭城，每至農曆七月備供祭

宜蘭縣宜蘭市「宜蘭水燈節」，宜蘭城隍廟大型水燈。

祀，並以放水燈普渡，自道光五年（一八二五）迄今。著名的水燈遶境則源自當地一名賣麵的小販終年身體欠安，至城隍廟經神明指示中元普渡前一日，組吹鼓陣遶境宜蘭城四方即可，後來小販果然不藥而癒。爲感念神明賜福，此後小販每年均組吹鼓陣繞城，老百姓也風聞相伴而行。

二〇〇七年宜蘭城內各市場攤商加上佛、道教團體，除祈福、法會、遊行活動，再加入其他表演項目使活動昇華爲觀光焦點，展現宜蘭市區十四個單位之族群團結精神，形成放水燈遊城的「宜蘭水燈節」，二〇〇九年公告爲宜蘭縣政府指定登錄無形文化資產。

宜蘭的水燈相當有特色，各角頭水燈都糊製得很大座，活動最主要的水燈更有一層樓高。另一個宜蘭水燈節的重要特色是，宜蘭城隍廟會請人扮演城隍爺，坐在一台裝飾華麗的車上與水燈一同遊行，裝扮城隍爺的人也會一同參拜，在這可以看到宜蘭縣長與宜蘭城隍，陰陽兩位縣長同框的難得畫面。

安平孤棚祭

中元普渡是指農曆七月祭鬼節俗，是台灣民間常見的傳統習俗，會因爲其舉辦的時間、地點、物件、主辦者、儀式執行者等，而有不同的變化與稱呼，但儀式大都是準備祭品，祭祀孤魂野鬼，超度陰魂。中元祭典設置孤棚來進行普渡之俗，自清代即各地常見。時過境遷，目前台灣中元普渡祭典可見孤棚的僅見頭城、恆春及安平。

孤棚祭的起源主流說法爲清咸豐二年（一八五二）安平運河碼頭工頭陳杜，在因搬運利益發生的一次鬥毆，發生打死人的意外事件，陳杜受到牽連，恐被官府處死。港仔尾當地居民向靈濟殿眾神與老大公祈願，若能平安無事，必酬神謝恩。後陳杜竟判無罪釋放，此後港仔尾當地居民每年農曆七月九日搭孤棚祭祀老大公兼普渡，逐漸演變成今日安平靈濟殿特有的「孤棚祭」習俗。

靈濟殿「孤棚祭」以五根高約二至三丈的圓柱搭起十五台尺高的棚面，棚面向西側

台南市安平區靈濟殿「孤棚祭」。

搭一張案桌，再由案桌前降下白布，白布一直延伸垂直至運河中，以此做爲接引老大公的路徑，並引導水中孤魂到壇中接受祭祀；四邊圓柱各懸掛一隻大豬公，以及其他雜糧，棚上更有篙串數十支，繫有各式祭品，相當傳統與特別。

「孤棚祭典」二〇一七年獲台南市政府登錄爲無形文化資產，是值得保存的民俗宗教信仰文化，藉著文化活動的舉辦，讓參與者得以親身認知與體會，透過儀式將一百多年的歷史典故及場景，完整保留並持續傳承，相當難得。

拜（普）圳頭、堤防、溪頭、石駁

農曆七月舉辦各種普渡時，有許多與水有關的儀式。

因爲早期漢人移民來台，需經過危險的台灣海峽，當時交通以水路爲主，發生不少水上交通意外；又因水患頻仍，造成人民死傷，在七月普渡因水難而死亡的孤魂，也成爲相當重要的祭祀對象。

台灣往昔水利設施不發達，因水利開發，而殉職死亡者難免有之；而大圳溝遍布，因意外跌落或游泳溺斃者，也不在少數。所以在七月必須好好祭祀這些水中孤魂，圳頭是水利設施的重要部分，堤防則是保護人民身家財產的重要設施；漢人認爲若不好好祭拜這些水中孤魂，祂們就會破壞設施，造成水患，因爲早期的堤防常用土壟、砌石及蛇

台中市大安區安南里拜大安溪石駁。

龍工法施作，較不牢固，經常潰堤，居民的生命和財產受到很大威脅。在七月分民眾會挑個好天氣的黃昏，準備豐盛的祭品，到這些重要堤防設施旁焚香祭拜。有時也會準備另一份祭品祭拜管理此地的土地公與水神，感謝其辛勞，這樣的祭拜儀式往往具有雙重的意義，一則感謝該設施，一則也祭送孤魂，請祂們不要來擾亂，更希望好兄弟能保佑，在洪水來臨時把洪水引導到溪床中間，不要沖斷堤防導致災情。

拜溪的儀式起源於沿水聚落的人民，因爲懼怕河水氾濫，與鬼神發願具誓，每年準備供品到堤防上祭拜。現今台灣很多地方的農田水利會與河川局，一起加入拜溪、拜圳頭的行列，使有些祭拜較式微的地方得以延續。由於現在的堤防都相當堅固，台灣溪流也少氾濫成災，這個儀式正在逐漸消失之中，如果能配合學校教育一起認識台灣的河川，或許能保留此一習俗。

南鯤鯓代天府塭頭普、竹筏仔普、海普

南鯤鯓代天府會在農曆七月十日下午舉行普渡，普渡會場設主會、副會、主醮、主壇和主普等五座斗燈，以往都以鄰近魚塭的「塭頭」和附近商家參與公普，後來由於南鯤鯓代天府信徒廣布，每年普渡祭品豐美，場面壯觀。普施法事由「開基大王」掛帥，禮聘高功道長主持，由發表、豎燈篙、放水燈、插路頭燈而至謝壇，依正統道法辦事，

台南市北門區南鯤鯓代天府每年農曆七月十日「塭頭普」。

場面相當盛大。

二〇一四年十一月二十七日舉辦爲期八天的甲午科護國慶成祈安羅天大醮，有「台灣王爺總廟」稱譽的北門南鯤鯓代天府，建廟已有近四百年的歷史，每六十年會舉行一次盛大的建醮大典，此次建醮斗燈首三十三首，平安斗首一〇八首，難得一見的海陸大普渡，設有七大普渡場，總計一萬七千多盆的供品、祭品，最爲特別的是於急水溪畔的海普場，有八十七艘載滿祭品的膠筏停泊，據傳因爲當地以近海捕魚爲生，特別爲了祭祀於急水溪河口喪生的好兄弟，每六十年普渡時，一定要在竹筏上擺設祭品，稱之爲竹筏仔普或是海普。

台南市北門區南鯤鯓代天府建醮時海普場的竹筏仔普。

台南市北門區南鯤鯓代天府竹筏普。

八月的水邊行事

雲林縣林內鄉濁水溪第三號水門「中秋祭河神」。

八月十五　林內中秋節祭河神

林內鄉位於雲林縣東北，地處山地與平原接壤處。東南部為丘陵，西北部為平原，濁水溪由東向西流過該鄉北境，形成與彰化縣二水鄉的天然邊界。境內還有清水溪、坪頂溪、斗六東溪、大埔溪等溪流交錯，水文相當豐富。

每年中秋節，林內居民會準備供品到斗六大圳的圳頭，舉行祭拜河神儀式。一九九一年敬拜河神地點由二號水門改三號水門護堤岸上。農田水利署雲林管理處，敬備三牲酒禮，素果馨香，到林內鄉觸口及竹山鎮枋寮二處水源地，舉行圳頭祭，最後回至林內護岸祭拜河神。

據傳於一九五一年五月十五（農曆四月十四），村民周校友先生挑菜到竹山販賣時，途中遇見溪水暴漲，不斷侵蝕護體。肇因於深山連日豪雨山洪暴發，加上草嶺潭潰堤，溪水衝向濁水溪，眼見危急，火速趕回林內敲銅鐘，通知全村趕快逃離。

這時，全村人民帶著貴重物品，攜家帶眷暫離家園，逃至林內國校避難，水勢洶湧，正感六神無主，村民提議大家齊心誠意跪下祈求河神：「所求如願，每年中秋節，村民準備豐盛祭品祭拜河神。」所謂心誠則靈，奇蹟出現，河水慢慢地退離堤岸護體，全村村民發自內心感謝河神庇佑。此後，村民信守承諾，在中秋節當天，家家戶戶準備豐盛供品，午後陸續到堤岸敬拜，感謝河神年年庇護全村百姓的生命和財產。

八月十五、十六　新營五間厝／下營中庄仔拜溪

急水溪流經台南市北部的白河、東山、六甲、柳營、新營、後壁、下營、鹽水、學甲等行政區，於北門區雙春入海，全長約六十五公里。

清嘉慶年間，急水溪逐漸逼近五間厝。道光元年（一八二一），五間厝庄民乞求免難消災，於農曆八月十五日祭拜河神，果然在道光三年（一八二三），急水溪改道，自舊廍南下至鐵線橋（今新營區鐵線里）東南方轉彎，流向西南的下營區甲中里（十六甲、中庄仔）北方，卻也造成當時鐵線橋南后寮仔庄，因突如其來的水患廢庄。

道光十年（一八三〇），急水溪又再次改道南移，主流逼近下營中庄仔，另有一股支流從今日一七三縣道南流至中庄仔，庄民於八月十六日祭祀河神，本來偏移的河道再度移轉，庄內免於水患。雖今河堤改築，水患機率慢慢變小，新營五間厝地區逢農曆八月

台南市下營區中庄中秋節拜溪墘。

十五日，下營中庄仔庄於農曆八月十六日，庄民仍於舊河道祭拜，至今不斷。

八月三十
台中清水高美拜溪頭

台中清水高美地區，位於大甲溪下游沖積三角洲，高美圳引大甲溪溪水爲水源，灌溉此地區，水量豐富。高美自清時期開發至今，乃爲一獨立、自主的範疇，在整個歷史脈絡下，呈現一完整的生命共同體而形成的社會組織關係。

因高美臨近台灣海峽和大甲溪，昔日沿海堤防及河川整

台中市清水區高美五里拜溪頭。

治尚未完善，每逢豪雨或颱風侵襲之際，溪水暴漲釀成水患，爲避免淹水之苦，故八月最後一天在安五營當天下午，還會前往大甲溪堤防安奉「總營」，恭請天兵天將鎮守溪水，化解水災。而安總營的同時，另舉行拜溪頭儀式，由各住戶備辦祭品，祭拜大甲溪中的無祀男女孤魂滯魄，希望冥界等眾在飽餐後各安其所。

早期高美五里的居民對拜溪頭相當重視，皆踴躍準備各式祭品，若路途遙遠而不克前往者，會朝著拜溪頭處的方向設案遙祭。但自從堤防建設完善後，拜溪頭就漸漸式微，目前僅剩位於大甲溪沿岸的聚落，如高北里趙厝、王厝、許厝、董厝和高東里溪

台中市清水區高美五里拜溪頭。

頭仔、烏寮等庄頭的住戶會前來堤防邊祭拜。

九月的水邊行事

雲林縣二崙鄉深坑仔虎尾溪拜溪王。

九月初五　雲林二崙溪王祭

雲林縣二崙鄉深坑仔，位於新虎尾溪北岸，深坑「溪王祭」已延續超過百年，起源於早年耕作土地都在新虎尾溪南岸，農民每天必須涉水過溪才能耕作，爲確保溪水不氾濫成災，讓農民得以安心農作，地方早年設置石敢當阻擋「水劍」，降低溪水流速，讓農民安全過溪。先民每年九月初都會烹煮豐盛菜飯，再以扁擔挑至溪畔，誠心祭拜溪王，延續至今，成爲當地特殊的宗教儀式。

昔日新虎尾溪溪水氾濫，鄉民用來防患水災，祈求平安，便請來法師，作法安置一座石敢當，坐落新虎尾溪畔，石敢當具有納福、驅風、防水、消災等功能，從此以後，風調雨順，國泰民安，顯見當年先民爲了生活與自然的搏鬥，對自然有著崇敬和敬畏的矛盾心情。

拜溪王是雲林詔安客特別的文化祭典，展現先民對自然的尊重，二〇一一年起納入「詔安客家文化節」系列活動中。

九月初九　塭港拜海墘

嘉義縣東石鄉塭港村，爲東石鄉濱海村落之一，塭港罟寮信仰中心福海宮，每年農曆九月初九拜海墘，祭拜海上好兄弟。早期在海上作業養蚵捕魚，有劃定作業範圍，配合村中各姓氏角頭，輪值的角頭要負責敬獻牲豚，其餘角頭則準備供品一起祭拜。現在因爲漁業風光不再，加上人口外流，就由福海宮負責準備牲豚跟場地布置。

當天下午一點開始祭拜，等到香燃燒過半，擲筊請示好兄

嘉義縣東石鄉塭港村罟寮福海宮拜海墘。

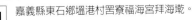

嘉義縣東石鄉塭港村罟寮福海宮拜海墘。

弟是否圓滿，就可以先燒化金紙跟收拾供品，儀式過程約一小時。塭港下庄拜海墘好兄弟，可以看到居民對大海的尊敬與畏懼，一方面感謝海上好兄弟的保佑，一方面期許漁獲及蚵仔（牡蠣）豐收。嘉義東石、布袋地區除了敬海墘，還有拜魚塭，表現出人民對萬物的崇敬，但這些儀式，因大環境的改變，正在快速流失之中。

十月的水邊行事

台灣民間稱正月十五爲上元節，祭祀「上元一品九炁天官賜福曜靈元陽大帝紫微帝君」，執掌天府眾神；七月十五爲中元節，祭祀「中元二品七炁地官赦罪洞靈清虛大帝青靈帝君」，執掌地府眾神；十月十五爲下元節，祭祀「下元三品五炁水官解厄金靈洞陰大帝暘谷帝君」，執掌水府眾神。所以，農曆十月可是說是一個祭水的月分。

十月初二　下淡水溪六庄頭義勇公做大小功祭典

高屏溪兩岸有一項共同的重要文化資產，就是「下淡水溪六庄頭義勇公做大功」，二〇一九年登錄爲屏東縣無形文化資產，二〇二一年高雄市也將「下淡水溪六庄頭義勇公做大小功祭典」，登錄爲高雄市無形文化資產。

此祭典起源於乾隆五十二年（一七八七）林爽文起義，屏東萬丹武舉人許仰仁擔任義首，招募下淡水溪流域六大庄聯合協助清朝官兵對抗莊大田軍隊，莊大田用計迫使義民回防，最後在今磚仔窯的溪邊渡口遭遇埋伏壯烈犧牲。

高雄市與屏東縣，會在下淡水溪的淡水溪畔為義勇公做大小功祭典活動。

自乾隆五十三年起（一七八八）由六庄輪流在子（鼠）年做小功、午（馬）年做大功，日子挑農曆十月初一或初二（遭遇伏擊犧牲之日）祭祀義民。沒有輪值做大功小功的村落，每年十月初二就在自家門前祭拜義勇公。

後來因爲河床雜草叢生，不易設立祭壇，因此磚仔窯寮、上寮、大寮、潮州寮、溪埔寮五庄，每年只於十月初一或初二在自家門口祭拜；而崙頂、大洲、頭前溪、六塊厝等村庄已經不做大功，只做小功，就在廟宇廣場全村祭拜，包括頭前溪鎮溪宮及大洲超峰寺，會設香案於廟前；每六年輪做大功祭典的只剩大寮、無水寮及磚仔窯寮。

其儀式有請水、公筵、送水，「請水」是至高屏溪取水，有迎請義民爺前來接受奉祀之意。「公筵」是擺設祭品來祭拜義民爺，每次輪到做大功，都會準備一千多桌的祭品。「送水」，就是跟請水儀式相反，便是將請水時所舀起的河水再倒回高屏溪中，表示恭送義民爺。

十月初十　祭拜水仙尊王

水仙尊王，簡稱水仙王，是中國海神之一，以貿易商人、船員、漁夫最爲信奉。各地供奉的水仙尊王各有不同，通常以善於治水的夏禹爲主，再加上其他英雄才子、忠臣烈士如伍子胥、屈原等人合併供奉，稱爲「諸水仙王」。台灣奉祀水仙尊王與早期的移民史和貿易史有關，早期貿易皆賴船運，加上台灣海峽海象險惡，因此尊奉水神以護佑交通往返平安和貿易得利，台灣有奉祀水仙尊王的地方往往是重要港口或郊商所在地。

划水仙，是早期船員一種向水仙王祈禱的方式，遇到大風大浪，困於水中時，船員們要眾口一起喊叫模仿鑼鼓聲，每人手拿羹匙和筷子死命地划，假裝划龍舟般，就可以得到水仙王的救助，順利靠岸。郁永河《探硫日記》中曾描述其景：「划水仙者，眾口齊作鉦鼓聲，人各挾一匕箸，虛作棹船勢，如午日競渡狀。凡洋中危急，不得近岸則為之。」

高雄地區一些漁會，也會在這一

台南市中西區三郊水仙宮之水仙尊王。

天在港邊祭拜水仙尊王，答謝水仙尊王一年的庇佑。

十月十四　高雄美濃祭拜水德星君

水德星君，又稱水德眞君，是道教信奉的自然水神，爲水星之星君、水官大帝部屬，亦有說水德星君與水官大帝爲同一神，掌管天下一切江海河瀆事務。誕辰眾說紛紜，通說爲正月二十日，一說正月十六日；或者由正月十六日開始作醮直到二十日，二十一日恭送眞君回天。客家人則認爲水德星君即是水官大帝，於是在下元節祭之。

日大正元年（一九一二）高雄竹子門電廠興建完成，提供高雄港的築

高雄市美濃區竹子門電廠旁「水德星君廟」。

港用電，發電後的水也供應美濃地區農田灌溉。當時台灣總督府在竹子門發電廠前，建造了一座日本神社，以紀念供水的獅子頭大圳完工，不過神社歷經改建，現在成了祭祀水德星君的水德宮，每年農曆十月十四日，爲了感念掌管獅子頭大圳的水德星君，提供美濃平原將近四千多公畝的農業灌溉水源，讓農民農作豐收，養育下一代，信徒們在祂生日這天，都會來水德宮準備牲禮慶祝。

十月十五　板橋潮和宮祭水官大帝

江子翠舊名「江仔翠」，早期屬於港仔嘴庄的一部分，清代後期已獨立發展成莊，爲與港仔嘴（káng-á-

新北市板橋區江子翠潮和宮「水官大帝」廟。

潮和宮內的水官大帝。

tshui）區別，乃採近音雅字而稱爲江仔翠（kang-á-tshui）。

清同治元年（一八六二），板橋江子翠地區颱風，引發大漢溪水災，侵襲田地一千甲。先賢林溪珍於是在當地樹立兩石碑，一曰「水官大帝神位」，一曰「水仙尊王神位」，以祈平安，鄉民皆虔誠膜拜。光緒八年（一八八二）又有颱風來襲，水退後，卻浮出八百甲農田。鄉民咸以爲神佑，由於水官大帝與水仙尊王的主尊，一般俗信皆爲夏禹，遂建小廟，直接奉祀夏禹，旋即增設爲三官大帝。日治時代，大正十四年（一九二五）建立三官大帝廟，以神能使「潮和」，定名爲「潮和宮」。

十一月的水邊行事

苗栗縣卓蘭鎮內灣白布帆「完水福」。

十一月　卓蘭內灣、東盛、白布帆完水福

此地區因靠近大安溪畔，時常遭受水患肆虐之苦，當時境內地方紛紛建設伯公廟，以防治水患，在當地沖積河床地上生活的白布帆、東盛、內灣等聚落人民，曾對大安溪祈願，若一年來平順無災，將於農曆十月或十一月在溪邊「作福」以答謝河神與水中的孤魂，稱爲「完水福」或「水良福」，其儀式相似於美濃地區的祭河江，也與閩南人的拜溪王雷同。

整個完水福儀式，會先由在地的擇日先生擇一祥日，並貼福告通知居民準備，祭祀當天的上午前往水邊搭壇敬拜天公、河神與水中好兄弟，據說都要拜一頭豬，因爲這是先民對溪水的承諾，近年因爲人口老化，年輕人外流，祭拜就由福首統一處理。

儀式過程大約是搭場、請神、拜天公與三界、讀疏文、擲筊、擲福首、送三界、拜好兄弟，擲筊、送好兄

弟，完成吃福宴。聽說有一年沒有拜豬，隔年大水便潰堤淹沒附近的果園，因此在地居民深信不疑，相信祭拜虔誠，河神就會保佑來年的平安豐收。

高雄市美濃區拜河神。

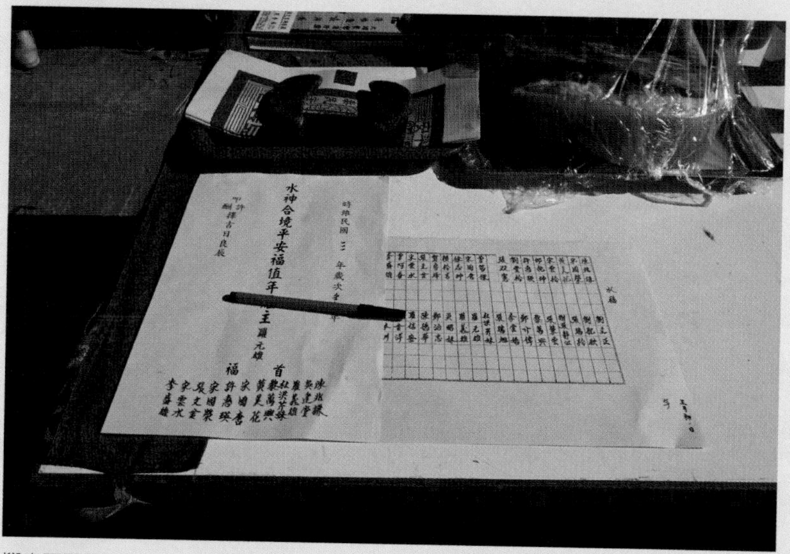

擲水福福首。

十二月的水邊行事

屏東縣東港鎮東港漁港，尾牙拜船腳。

十二月十六　屏東東港地區拜船腳

農曆十二月十六日稱爲尾牙，是台灣各行各業相當注重的日子，在尾牙時多數企業、機關、學校、公家部門，保留了古時牙祭傳統，老闆、長官都會在這天宴請並犒賞員工。尾牙到了，年便不遠了。

屏東縣東港、埔鹽、小琉球等地的船隻會在十二月十六日當天，在船上祭拜眾神明及好兄弟，船長會焚香禱告眾神明及好兄弟，稱爲拜船腳。感恩一年來庇佑人船平安，魚蝦滿艙，並祈求來年出海捕魚順利，平安豐收。拜後燒金放鞭炮，完成儀式。在以往物資匱乏的年代，漁船均會用發粿祭拜，孩子們都會聚集在船仔腳，等待漁船拜好後灑發粿，大家爭著撿。現在改成分送給船員，晚間並宴請「海腳」船員及親朋好友，以慰勞終年大海中討生活的辛勞。

船家尾牙，祭祀之祭品有五牲，水果、清酒、發粿、紅龜粿是祭神用，一般擺的較靠近船艙。而祭拜好兄弟的物品，則是十二菜碗及酒類飲料、九金、銀紙、更衣等紙錢，會擺設在較靠近上船處祭祀，並且會在每碗菜上插香。燒金紙時，先燒給好兄弟；再燒給神明，最後燃放掛在船上的鞭炮完成祭祀。尾牙到屏東東港一帶的漁港邊，都可看到這樣特殊的風俗活動。

原本以爲僅見於東港地區，但經過這些年的調查，台灣很多港口也都有這樣的習俗，有的地方因爲抓魚的器具爲膠筏，會將供品擺放於膠筏之上祭拜；有的是由漁會或魚市場統一祭拜。從祭拜儀式中，可以看到人們對天地眾神萬物的感恩。

十二月　桃園大圳圳頭祭

桃園大圳，爲八德與中壢附近地區的埤塘水圳，日治時期將其規劃開鑿，興工於大正五年（一九一六）十二月十一日，大正十四年（一九二五）五月廿六日舉行通水式。灌溉區域涵蓋桃園市大溪區、八德區、桃園區、中壢區、楊梅區、新屋區、蘆竹區、觀音區、大園區。

桃園大圳爲灌溉桃園台地而開鑿，在導水主幹線施工過程中，有五十多人因施工傷亡，於是在第三號導水隧道口處建立供養塔，碑體爲整塊花崗石鑿成，正面以遒勁草書陰刻「供養塔」，背面以銘文記載澤井組的工事開鑿梗概及殉職人員名單。

桃園市大溪區桃園大圳供養塔圳頭祭。

每年農曆年底，桃園農田水利會在此舉辦圳頭祭，除了感謝圳道一年的辛勞，也紀念先人的犧牲奉獻，成爲桃園台地水源地特殊的水崇拜祭典傳統。

台灣有許多歲時的水邊行事，持續傳承下去。

本章簡述台灣十二個月逐月祭儀中的水邊行事，共廿八項：溪水圳道有關有十五項，三項與端午習俗有關，四項與中元習俗有關，六項與神明信仰有關。從本文中不難發現，水邊祭祀文化常常出現於夏天，多颱風的台灣，雨季水容易氾濫的時節，便在水邊出現許多的祭拜儀式，從農曆五月到八月可說是水邊儀式的巔峰時期。

「祭溪」有拜溪頭、圳頭、溪王、溪岸、石駁等說法。溪水的氾濫祈求水神與水中好兄弟幫忙，期待水患平息的祭祀儀式最多也分布最廣，閩南人有，客家人也有。主要是因爲台灣當時的河堤多爲土堤，台灣河流的水道急促，所以常常氾濫成災，由於現今河川局堤防

每年七月，神明都會巡視石駁與祭溪。

大甲溪旁石頭堆砌的防水石駁。

整治，讓河流平順減少氾濫，因此祭拜溪河圳道的氾濫區域越來越少，儀式也日益縮減，甚至有許多地方已經停止舉行，生活離不開水的人類，長時間在水邊流傳祭拜儀式，這是值得大家好好保存的。

第三章　神鬼信仰與水難

嘉義縣溪口鄉，獅首石敢當，並立一小祠奉祀。

漢民族覺得「水」是凶險的所在，不安的來源、鬼魅魍魎聚集的地方。因而產生一套與水共存互不侵犯的信仰習俗。

台灣早期水患嚴重，住在水邊的人們，家園遭到惡水侵擾的苦痛，造成生命財產的損失，甚至有廟宇遭沖毀、神明漂走之情況，更有漂移至他處重新建廟的故事。另外，有些神明也會跟著先民一起治理水患，溪水邊就有很多神明鎮水、移溪的故事，因為神明的鎮守，讓溪水平順無患。

人們除了請神鎮水，還會用相生相剋之法來治水，最常見的是立石、種樹、建塔等，台南地區更有以陣頭表演的方式來鎮水，讓水邊文化有著豐富而又多彩的變化。

水患來時，來不及逃脫的人們，遭受到洪水無情吞噬；當海嘯來臨時，家園更是傷亡慘重，然而這些遭受洪水吞噬的人們或動物，如果沒有好好安葬，容易造成環境衛生問題。水災之後更常會伴隨著大瘟疫的橫行，屍體在當地被集中立祠奉祀，讓這些無主的屍體有所歸，不會危害人們生活。台灣各地都有「浮屍立廟」的習俗，尤其是在離島地區，面對廣大的海洋，隨著潮水漂來的屍體，有著一套因應而生的祭祀模式。

逝者已矣，生者還是要重建家園，如何從災後的創傷走出來，祭祀便是人們心靈的一大寄託；期待上天不要再帶來災害，希望逝者得以安息，因此水難事件後的地方，都會保有其特殊的祭儀與水邊文化。

嘉義縣民雄鄉社溝村水流公廟。

漂流神與鬼的水邊行事

台南市土城區鹿耳門聖母廟所永祀的王船。

中國沿海地區有放流王船之習俗，延請道士祈安禳災，將彩船放於海上漂流，位於中國東南方的台灣，因此接收到許多從沿海地區漂流至台的王船，漸漸形成台灣沿海信仰的一大特色。從中國沿岸放流來台的王爺，也漸漸在地化，形象也由原鄉守護之神轉化爲航海之神，再由航海之神轉變成醫藥之神，最後轉變成保佑地方的守護神。這樣的轉變，造就了台灣王爺信仰的流動性。

水流或海邊，有時會有一些廟宇的神像或家中奉祀的神明，因水患流出而到他處發跡建廟，尤其在大家樂盛行的時期，常有神像被拋入水中，再由善心人士撿拾供奉。

漂流神立廟，最多的傳說主要來自漂流木頭，夜發毫光或日散香氣，讓信眾們認爲是神木，並請有名雕刻師來敬雕神像；還有神明自己去買木頭雕神或蓋廟的傳說，這一類的常會伴隨將木頭拋於海中、河中，漂流到指定地方的故事。

漂流船立廟

南鯤鯓代天府

台南市北門區南鯤鯓代天府，相傳於明朝末年的一個晚上，數十名漁民正在南鯤鯓沙汕上捕魚，忽然從海上傳來一陣鐘鼓管弦的樂聲，隱約出現一艘三檣的大帆船，緩緩駛進鯤鯓灣。隔天，這些漁民一齊到港口看個究竟，結果只看到一艘小船停在岸邊，裡面載著六尊神像，分別寫著：「大王李府千歲、二王池府千歲、三王吳府千歲、四王朱府千歲、五王范府千歲、中軍府」，以及一支神木和「代天巡狩」的旌旗。

台南市北門區南鯤鯓代天府。

漁民於是將這些神像供奉在草寮內，早晚焚香膜拜，漁民只要出海捕魚，向其廟參拜者，一定滿載而歸。從此神威廣播，信徒也越來越多。後來沿海居民感受到神恩浩蕩，提議爲五王建廟，於是有錢出錢，有力出力，建廟工程正式展開。

神廟建築期間，泉州名雕刻師「媽福師」受五王託夢，隻身來台雕刻神像。原王船內的神木劃有六段，媽福師依指示取前五段雕刻成五王金身，第六段雕刻成中軍府，也就是現在所說的「五王開基正身」神像。在清康熙元年（一六六二）完工，稱爲南鯤鯓廟，也叫做開山廟，而五府千歲也因此被尊爲「南鯤鯓王」。後來多次整修，而有現今的壯闊規模。

灣裡萬年殿與喜樹萬皇宮

台南市喜樹區與灣裡區，是位在台南市南區的濱海聚落，台江內海有七個鯤鯓，其中的六鯤鯓咸認就是現在的喜樹灣裡一帶。喜樹仔名稱的由來，是濱海地區種了許多稱爲「粿仔樹」的黃槿樹，這種樹的樹葉常用來墊著紅龜粿，所以又稱喜樹仔，之後轉變成地名。灣裡，由來爲從灣裡到喜樹之間的沙洲呈現東南往西北彎曲，該區域被稱爲喜樹仔灣，而後從此名稱衍生出灣裡的地名。

清康熙四年（一六六五），由福建省南安南勢角漂來一艘王船，停滯灣裡喜樹一帶海面，據傳晚上燈火通明，更有鼓樂飄飄。在附近海上作業之漁民發現登船探視，見內有神像三尊，乃恭迎上岸奉祀，即葉、朱、李三府千歲，初時搭建草寮奉祀，但不久兩庄發生糾紛，便協議分開建廟，神像歸喜樹，王船歸灣裡。因而建立兩間廟宇，兩間廟都有不定期舉辦燒王船，其王船的尺寸都相當巨大，活動範圍遍及二仁溪兩岸。

漂流神立廟

新北市金山區金包里慈護宮

新北市金山區，位於台灣的東北端，原名金包里，是基隆北海岸最早開墾的地區之一，金包里老街每逢假日都

台南市南區喜樹萬皇宮，接收福建南安王船而建廟。

吸引相當多遊客前來。

　金包里老街上有座當地的信仰中心，金包里慈護宮。清嘉慶初年，金山漁民在野柳海邊石洞內發現一小尊媽祖神像，將其迎回金包里街上奉祀，後因神蹟不斷，地方百姓便捐錢建廟，並重塑一尊媽祖聖像，將原先漂流而來的媽祖神像，放於大尊神像腹內，俗稱「二媽」，發現媽祖的石洞也被百姓尊稱爲「媽祖洞」。

　每年農曆四月十五日慈護宮舉行遶境，因爲早期農藥不發達，恭請媽祖出來消滅蝗災，成爲當地重要的年俗，金山各廟皆派出神像參加。農曆四月十六日下午一時，會將二媽神像送回野柳的發現地祭祀，「金包里二媽回野柳媽祖洞祭典」，二〇一八年登錄爲新北市的無形文化資產。

新北市金山區金包里慈護宮二媽回野柳媽祖洞祭典。

台中市北屯區三分埔松竹寺

台中市北屯區松竹寺，主祀水流觀音，據說咸豐元年（一八五一）發生水災，有一尊觀音聖像流到廟後的小水溝裡，被一位當地人撿起，後來想要燒掉佛像，可是幾次點火都燒不著，大家都驚爲奇蹟，於是就將佛像供在一棵大榕樹下祭拜，稱爲「水流觀音媽」。

水流觀音最津津樂道的故事是人稱「授子觀音」，特別喜歡保佑產婦。某日有一名婦女難產時，忽然來了一位產婆幫忙接生，而且生的是男孩。產婦就問產婆姓名住址，產婆回答是住在三分埔松竹寺，也沒收任何謝

台中市北屯區三分埔松竹寺水流觀音。

禮就離開。嬰兒滿月後，婦人就按照風俗，帶着雞酒（麻油雞）和油飯去答謝產婆，可是她到了三分埔後到處詢問，大家都不知道松竹寺。經她再進一步詳細打聽，才知道是供在榕樹下的水流觀音媽，附近也有長竹，這時她才知道產婆就是這位水流觀音媽的化身。當時並沒有廟，因爲此傳說，後來建廟命名「松竹寺」。

漂流木立廟

彰化縣鹿港鎮奉天宮

彰化鹿港奉天宮，建廟在清康熙二十三年（一六八四），當時住在鹿港的鄭姓漁民出海捕魚，收網時捕到一塊木

彰化縣鹿港鎮奉天宮蘇府王爺廟。

頭，當時漂流木並不值錢，這位漁民就將木頭拋棄，漁民再次下網又撈到這塊木頭，漁民覺得此木非凡物，就帶回家妥善收藏。

當晚，木頭夜發毫光，此時忽有神靈降駕於鄭姓漁民身上，表示自己是「玉帝駕前主理判事，曾下凡現身福建台灣北頭，今奉玉旨與兩位賢弟擇地鹿仔港開基保國佑民。」信眾問其姓氏，該神明留下詩一首「蔡公堪祭忠臣廟，曾子回家日落西，此去金科脫了斗，馬到長安留四蹄。」在場眾人拆解後，得一「蘇」字。隨後，眾人便去泉州重金聘請雕刻師傅，將此神木雕刻蘇府王爺金身，最後於鹿港北頭鳩資建立鹿港奉天宮。

台南歸仁八甲代天府溪州王爺

台南市歸仁區八甲代天府，主祀池府千歲和溪州王爺，為八甲庄庄廟，代天府創建於清乾隆初年，八甲代天府最早奉祀的神明為玄天上帝和天上聖母，清嘉

台南市歸仁區八甲代天府溪州王爺。

慶年間，由高雄湖內鄉大湖碧湖宮分祀池府千歲。

八甲庄東邊有許縣溪經過，因爲此段爲溪水轉彎之處，常常氾濫成災。清同治年間，有次大水，漂來一棵大杉木，於廟前不遠之處，庄人不以爲意，便將之撿拾回家。而後屢屢顯現異相，此木頭夜發毫光，經池府王爺與眾神的指示，將此大杉木雕刻神尊，稱爲「溪州王爺」，聖誕爲農曆的十月十日。

自從溪州王爺鎮守村庄後，八甲庄就較少受溪水侵擾，庄民都認爲溪州王爺有守護家園、鎮守水患的能力，也成爲八甲代天府的主神。

漂流屍立廟

早期渡海來台，很多先民不慎落水，葬身海中；台灣溪水氾濫嚴重，水流湍急，所以在水流較緩的水邊，「水流公」、「水流媽」信仰相當多。這些漂流而來的屍體，經在地人好心收埋，爲了報答地方恩情，顯化照顧當地居民，經由當地人向當地主神稟告，在地神明舉薦，玉皇大帝賞賜封號，如「水流城隍」、「水流將軍」、「水流姑娘」等，讓原來漂流屍的陰神，轉換爲守護地方的陽神。廟宇也漸漸從簡單的草屋，逐漸翻修成大廟。

彰化縣伸港鄉溪底村伸慶宮「張玉姑」。

彰化縣伸港鄉伸慶宮

彰化縣伸港鄉溪底村伸慶宮，主祀張玉姑，又稱水流仙姑，為台中西屯區水崛頭人，傳說赴溪中取蝦籠時，忽遇大水失蹤，而後被當作無名屍葬在大肚溪南岸的新港鄉（今伸港鄉）溪底村保安林中的林投樹旁。後當地瓜農夢見一名自稱「張玉姑」的女子，以蓋祠祭拜作交換條件，表示可治療他妻子多年的腳氣病，並助他賣掉三隻豬籌錢。在汴頭村村長柯罐等人的贊助下，一九五六年建廟，名為張玉姑廟。時隔半年，廟方又請雕刻師趙烏牛雕刻神像。

後來該廟遇到八七水災，烏溪氾

雲林縣西螺鎮社口水德宮水流公、水流媽。

濫，廟宇被水沖壞。之後經地方善士捐助後重建，才有現今規模，每年聖誕都有許多分靈廟回宮進香，爲台灣相當出名的姑娘媽廟。

雲林縣西螺鎮社口水德堂

雲林縣西螺社口水德堂，主祀神水流公、水流媽，據傳清末現在水德宮附近的西螺舊大排，漂來兩顆頭顱，雙雙卡在水道轉彎處，在該處旋轉不去。村民將其打撈起來，草草埋葬，其後水流公、水流媽時常顯靈，照顧附近村民，幫助尋獲牛羊，因此村民協力建廟奉祀，更加庇護附近農田年年豐收，並避免災禍與戰爭。

當時曾經有撿骨師鑑定漂來的頭

顱，判斷是一男一女，當時擔心鄉親見到頭顱會恐慌，於是以麻布包覆並搭起棚架，以免頭顱遭受日曬雨淋。以竹子茅草搭建草廟，經過多次改建，才有現今的廟貌。

百年來水流公、水流媽，一直庇佑著當地的人民，居民每逢初一、十五也會前來祭祀，因爲神龕裡奉祀著兩顆造型特別的頭顱，也成爲台灣報章媒體爭相報導的特殊奇廟。

台南市七股區唐明殿沿海城隍與沿海姑娘。

鎮水物的水邊行事

雲林縣莿桐鄉新虎尾溪旁的鎮水大樟樹。

鎭水神樹

台灣氣候高溫多雨，全島在開發之初，有著相當多樹木，早期的史書也不乏許多大樹的記載，更有大樹化身成神，協助擒拿反賊的傳說，所以台灣人有「老樹有靈；大樹有神」之說。

依其植物的名稱而加以「王公」尊稱，便是台灣常見的樹神由來，其中又以榕樹最多。榕樹在台灣是常見的高大喬木，成長快速且生性強健，各地常可見數十年甚至百年以上被列入保護的老榕樹，榕樹的枝葉茂盛且蔽蔭面積非常大，樹下常成爲人們休閒、聊天、聚會、乘涼的場所，很多廟宇前喜歡種植樹，綁上紅布就成了榕樹公、松樹公、樹德尊王、龍樹尊王……等聖號。

台灣早期水利技術尚未發展，每逢大水河道就會沖毀堤岸，造成人民生命財產的損失，當時的人民就求救於神明，藉由神明力量來抵禦洪水。台灣的溪流旁邊常有許多大榕樹，這些大樹常與河道變遷鎮水有關，榕樹的根系發達，會長出許多氣生根，能抓住土石抵擋水患，所以很多溪邊種植大榕樹來當成其指引方向的目標。台南地區也有用五營配合榕樹安放在容易水患之處，達到安鎮溪道的作用。至於植物不只榕樹，也有看到樟樹、楓樹等其他的植物類型，可是相較起來植物成神還是以榕樹最多。

竹塘九龍大榕公

九龍大榕公，位於彰化縣竹塘鄉田頭村濁水溪堤防內側，其位置在濁水溪北岸，直對南岸便是雲林縣西螺鎮，在西螺大橋還沒建設完成之前，

台南市善化區夏南宮樹德尊王神像。

彰化縣竹塘鄉田頭村濁水溪堤防内「大榕公」。

大榕樹便是渡過濁水溪的重要指標。

一棵榕樹的樹枝四處延伸生長變成一片樹林，綠蔭遮天，覆蓋面積達一公頃多，九龍大榕公的外觀，看似一片樹林，其實源自同一棵樹。原本位置溪水可達，後來不斷沖積，濁水溪逐漸外移，之後形成一處面積廣大的河川地，大榕樹就在此不斷擴展。

此樹下豎起南無阿彌陀佛石碑後，濁水溪就不再淹到田頭村。曾經偉恩颱風從田頭村上岸，造成台灣西部平原極大災害，此棵榕樹卻無損傷，村內也平安無事。現今已是竹塘鄉重要的觀光景點，夏日的午後很多人會在樹下乘涼休息，並成爲一處觀光公園。

台南安南區十二佃神榕

十二佃神榕，位於台南市安南區佃東里，清道光三年（一八二三）七月，當時稱爲灣裡溪的曾文溪，因一場暴雨洪潮，自菅寮第一次改道，台南將軍區漚汪居民前往十二佃開發海埔地，長年颱風侵襲導致曾文溪氾濫改道，在此墾荒的村民需與洪水搏鬥，爲了祈禳水患平息，在關聖帝君的指示下，植下一棵象徵鎮壓水災的榕樹，並在樹旁蓋了武聖廟，奉祀關聖帝君。

台南市安南區十二佃守護曾文溪的神榕。

高屏溪與龍樹尊王

高屏溪舊稱「下淡水溪」，爲全台第二長河，在旗山嶺口與來自北方的楠梓仙溪合流後，始稱高屏溪。本流轉向南經大樹、九曲堂、大寮、鯉魚山，於東汕注入台灣海峽。高屏溪因爲中下游地形之故，常常氾濫，因此溪水兩邊也有許多關於水患的傳說與鎮水的文化。

國立台南大學蘇瑞展在〈高雄縣大樹公信仰之研究〉論文中提到，舊高雄縣地區「大樹公」崇拜最多爲大寮鄉（今高雄市大寮區），第二名則是在旗山鎮（今高雄市旗山區）。走訪這幾個區域的大樹公信仰，有一個特殊發

高雄市大寮區高屏溪旁奉祀的龍樹尊王。

嘉義縣六腳鄉蒜東村「榕樹王庄」安福寺。

現，以「榕樹」爲主的大樹公信仰，出現在楠梓仙溪與高屏溪的中下游，很多廟中都有奉祀龍樹尊王，台語的「榕樹」、「靈樹」、「龍樹」發音相當接近，所以龍樹尊王與大樹公的信仰相當密切，皆是爲了避開高屏溪的水患而種植。

從大樹區的地名演變得知其重要性，相傳在兩百多年前，高屏溪畔有棵相當大的老榕樹，大樹雖不見了，卻以地名形式留存。由此不難發現高屏溪畔的大樹信仰文化，高屏溪畔神樹消失，但是轉換以神尊的型態出現，每間廟龍樹尊王聖誕皆不相同，表示祂是由樹變成神，一樣在溪邊護祐子民，也成爲高雄地區特殊的民間信仰文化。

另，嘉義縣六腳鄉蒜東村有一舊地名「榕樹王庄」，傳說是嘉慶君遊台灣時，經由此地，在庄中一棵大榕樹下休息，見此棵榕樹特別大，因而封之爲榕樹王，庄民遂以此封號做爲庄名。

此庄原爲交通要道，而村北及牛稠溪，每當春夏之交時雨季來臨，溪水高漲，往來民眾深以爲苦，有人發起捐款置舟義渡。現今庄中存有一嘉慶年間的古碑，碑上橫刻「重興義渡碑記」，即是記載此事。

台灣有許多以大樹爲名的地名，如高屏溪畔的「大樹區」、「蔦松區」、朴子溪畔的「榕樹王」、北港溪兩岸的「上蔦松」與「下蔦松」等，不難發現這些地方都有具有神力的大樹存在，因爲相當出名，就用此植物來命名地名。

高屏溪邊鎮水大榕樹轉變成龍樹尊王信仰。

鎮水神石

能夠鎮水的神物，除了神樹以外，就是鎮水的神石，以前的河堤大都是土堤，遇到洪水一來，很難守護住在溪邊的家園，加上動物的築巢，更是讓土堤極易潰堤。台灣的溪邊，取得石頭不易，在無法有大量石頭來築堤的情況下，賦予神力的石頭便出現於水邊。移民來台的閩客先民認爲：神石能一化百，百化千萬，擋住無情的洪水，常有水患的地方多會出現巨石或是石頭公的信仰文化。

鎮水神石，主要是利用石頭能抵擋水流的特性，來達到鎮水避邪之功效，這一類有：石敢當、泰山石敢

苗栗縣卓蘭鎮水邊的石哀（shak5 oi33）。

當、阿彌陀佛、夏禹國王、開台聖王、水德星君、箕水豹、五雷、八卦符等造型。另外還有大石造型的，如客家地區的石爺、石娘、石哀（shak5 oi33），閩南地區的石將軍、石元帥、石車公、石頭公、石佛公、石劍獅等。

無論造型如何，都是爲了保佑家園的安全，期待石頭多一點，水少一點，在人們控制之下。由於現今堤岸都以水泥或石頭砌築，這些神石漸漸被人們遺忘而消失在田土中，但也有以其他方法繼續接受奉祀，最多的是轉化爲小朋友的守護神，期待小朋友的身體能像石頭一樣堅硬強壯，所以許多父母都會帶小朋友來讓石頭公當乾兒子。

嘉義縣東石鄉朴子溪旁石車泰山石敢當。

石敢當石碑

在溪水邊出現許多刻有石敢當字樣的石牌，造型相當特殊，主要都是在壓制水患、避災擋煞之用，在《魯班經》中就有描述石敢當安置的時間，所以石敢當的設置，安放的時間是一個重點。

西螺濁水溪旁泰山石敢當

位於西螺鎮市仔頭堤岸的石敢當，尺寸相當大，原立於濁水溪的堤岸旁。據說清道光年間，濁水溪北岸的彰化水尾村民在岸邊設置一具道家法器紅銀水筆，導致道光七年（一八二七）水往南衝破堤防，西螺人便請法師設立一塊雕有劍獅的泰山石敢當，使洪水轉向反擊北岸，經過一連串南北兩岸鬥法，濁水溪才復歸平靜。

此石敢當其高度五尺六、寬度二尺四、厚度五寸，可以說是台灣最大的石敢當。上部刻有獅頭，獅頭上寫著「王」字，口中含著一把劍，劍並朝向濁水溪。碑上的「泰山石敢當」五字更是充滿學問，其中「泰」的「水」少了一捺、「石」多了一點、「敢」的「耳」沒伸下，因爲防洪所設，自然水要少、石要多、敢用兩腳站穩，可見先民們的用心與巧思。

雲林縣西螺鎮濁水溪旁泰山石敢當。

莿桐六合樟樹公泰山石敢當

雲林縣莿桐鄉六合村「樟樹公泰山石敢當」位於六合國小後方，此石敢當在樹齡約兩百五十年的樟樹下，其上方刻有祥獸劍獅，下方刻有「泰山石敢當」五字，「泰」字下方之水無少一捺，而其「石」字之口右上方「多一點」，係爲法師加持，亦有石頭多一點的安定穩固之意。

此地位在濁水溪畔，爲了防範河水侵襲，於是選擇此處高地設立石敢當，加上濁水溪冬天東北季風強烈，空氣中時常瀰漫沙塵，於是加刻一獅爺以防風砂。

雲林縣莿桐鄉六合樟樹公泰山石敢當。

阿彌陀佛石碑

鎮水神石除了石敢當，另一個不少於石敢當的，便是刻有「南無阿彌陀佛」石碑，在台灣凡是經常出現事故的地方，大都認爲有陰靈不散而影響居民生活，而立上「南無阿彌陀佛」的石碑就可以鎮鬼。

在彰化縣的竹塘鄉、埤頭鄉、溪州鄉、北斗鎮等，可以說是阿彌陀佛神石碑最多的地方，不只立於溪流氾濫的水邊，也有立於災難較常發生之地，傳說阿彌陀佛坐鎮於庄頭庄尾，即可保護村庄平安不受邪魔入侵。

竹塘鄉九塊厝阿彌陀佛石碑

彰化竹塘九塊厝，阿彌陀佛碑設於濁水溪堤岸旁坐西向東，位於竹塘鄉的永安村與內新村的交界處。阿彌陀佛石碑往往只有一塊露天石碑，九塊厝石碑在二〇一二年修建外圍矮牆與鐵皮屋頂；石碑中央雕刻南無阿彌陀佛六個大字，上方則有月眉兩個小字，石碑右側另刻「張公聖君」字樣，其類似石敢當功能，因此有些村民以石敢當稱呼之。

阿彌陀佛碑之歷史可追溯到清朝時期，據說有塊類似神主牌之木碑隨著濁水溪漂流被村民拾獲，後於當地供奉，大正年間濁水溪設立堤防，居民便將此碑移至堤防上。但

彰化縣竹塘鄉「阿彌陀佛石碑」。

彰化縣竹塘鄉九塊厝「阿彌陀佛石碑」。

因濁水溪氾濫無常，一九六六年居民將碑遷移至現址，每年有兩次祭拜，一次為阿彌陀佛誕辰，農曆十一月十七日，另一則為張公聖君誕辰，農曆八月十二日。

溪州溪厝阿彌陀佛石碑

彰化縣溪州鄉坑厝村，有新舊兩座阿彌陀佛石碑，一座在入村的入口，一座在溪林路與福德路交會處。原來只有溪林路與福德路交會處，後來再增建村口的阿彌陀佛石碑，傳說此石碑是以前隨溪水漂流而來，當時有一個村民到溪中撿拾木材，初見此石碑，因沾滿泥巴誤以為是一塊木板，但卻無法搬動，拭去上面的泥巴

彰化縣溪州鄉坑厝「阿彌陀佛石碑」。

後才知道是塊石碑，上面刻有「南無阿彌陀佛」文字。立碑後，坑厝村免除水患之苦。村民認為是佛祖顯靈，將立碑這天（農曆正月十七日）定為祂的生日，村民會演戲酬神還願，曾經有多達三、四十團布袋戲團同時演出的紀錄。

開台國聖王石碑

以石牌雕刻聖號做為鎮水石碑的種類相當多，然而開台國姓爺鄭成功聖號的石牌，應有前三名，有的會刻開台聖王、開台國姓公等字樣。因為台灣人深信鯨魚轉世的鄭成功有消弭水患的神力，全台都有鄭成功治水的傳說。

彰化二水開台國聖王石碑

日明治三十一年（一八九八），歲次戊戌，這年因山區豪雨，濁水溪支流清水溪上游的草嶺潭潰決，洪水傾洩河岸，水流大幅北移，瀰漫北邊沿岸，各村落的田全沒入水裡。

當時洪水奔竄到中埔仔，快到頂店仔的時候，水勢突然轉西，有庄民在河邊發現刻有「國聖王」字樣之木牌，大家認為能倖免於水災是國姓爺顯靈護佑，所以集眾人之力在發現處設立「國聖王」碑，並以每年農曆六月三日爲祭祀之日，二水庄民稱這一天的「普」外溝仔，會自備牲禮到濁水溪畔二水堤防上的國聖碑祭拜。碑體高一九〇公分，寬一三五公分，爲日治大正時期由二水庄民所共立。

雲林二崙開台國聖王石碑

雲林二崙大庄村新興，從前稱「鼻仔頭」，緊鄰濁水溪畔；因爲緊鄰濁水溪常受水患之苦，加上八七水災之後家園損害嚴重，所以舉村往南遷，集體重建住宅，村落井然，整體統一規劃，村人改稱此地爲新興。

鎮守在堤岸旁邊的國聖王石碑，

彰化縣二水鄉濁水溪堤岸旁「開台國聖王」石碑。

原來只有一間鐵皮屋。近年來新建一座廟宇，立宮名「國聖宮」，並雕刻一尊國姓爺神像於石牌之前，環境整理得相當乾淨。

符令石碑

關山大圳五雷鎮水碑及泰山石敢當

台東縣關山鎮是台灣重要的稻米產區，出產聞名全台的「關山米」。關山地形爲凹地，行經此地的卑南溪雖然帶來農作的先天優良條件，卻也時常洪水氾濫。

在台東縣關山鎮德高里北庄海端二號堤防堤頂上，立著兩座石碑，碑上雕刻五個「雷」字、「合境平安」

雲林縣二崙鄉大庄村埤仔頭國聖宮內有「開台國姓公石碑」。

和「普唵壓煞符」等字樣，稱此碑爲「五雷鎮水碑」，又稱作「犁頭碑」、「五雷碑」。

一九六八至一九七三年，因颱風肆虐堤防潰堤，居民向豐泉里代天府的五府千歲乞求，雕刻一座「泰山石敢當」，並於一九七四年端午時節，將兩座石碑遷移至海端二號堤防，近年來再次遷往海端堤防下游。後台東縣政府登錄爲歷史建築。

此五雷鎮水碑及泰山石敢當，多爲北庄、西庄、日新、東明、忠慶等聚落村民奉祀，每年農曆七月廿九日及農曆三月廿三媽祖生時，都有大規模的祭拜活動。

台東縣關山鎮德高里二號堤防「五雷鎮水石碑」。

台東市卑南溪邊五雷龍虎鎮水石碑

在台東市卑南溪邊也有一座五雷、龍虎石碑，由於當時卑南溪常氾濫，台東市區常受水患，台東順天宮蘇王爺降旨，指示信徒在卑南溪北川堤防邊（今縣立寶桑國中）設玉雲亭（今玉雲宮），並安置龍、虎、五雷石牌各一座，以鎮祭洪災。

此三座石碑造型相當特別，材質應爲泉州白石，龍牌爲長方六角形，分爲三層，上層刻有龍圖；中間雕刻雲朵圖紋；下方一個大大「龍」字與合境平安字樣。虎牌與龍牌樣貌相同，上層則刻有虎圖，中間雕刻山紋圖紋，下方一個大大「虎」字與合境

台東卑南溪邊五雷龍虎石碑。

平安字樣。中間五雷符石牌，依樣爲六角形，有五個大大「雷」字，中間還有刻有五雷符咒，兩旁還刻有七星圖樣，造型與內容都相當少有。每年農曆八月會舉行祭拜儀式。

曾文溪旁箕水豹鎮水石碑

台南府城可以說是台灣文化的古都，在曾文溪畔出現的鎮水厭勝物更是相當多樣化，其中現今保存於台南土城鹿耳門聖母廟文物館的「箕水豹」鎮水石碑，是曾文溪流域因應水患而衍生特殊的厭勝物。

台南市土城鹿耳門聖母廟「箕水豹」石碑。

箕水豹爲二十八星宿的箕宿，東方七宿的第七宿。《封神演義》中名楊諱眞，在萬仙陣中陣亡，死後被封正神，與壁水貐方吉清、參水猿孫祥、軫水蚓胡道元封在水部執事。道教以箕水豹來鎮水祭溪，期望水部執事，來管理好水不要傷人。

土城鹿耳門聖母廟文物館的箕水豹鎮水石碑，於清同治年間傾毀，後來整理古廟遺址時被挖出來，其石碑為青斗石花崗岩材質，上刻有一個獅面咬劍，下方則直書「箕水豹」三字，字體娟秀，造型與刻工皆極精緻，可說是水邊信仰之重要文物。

鎮水神塔

彰化縣溪州鄉西畔村石塔

彰化縣溪州鄉西畔村石塔巷，有座造型獨特的石塔，外觀成五角形，高約三公尺，由石頭、水泥疊砌成，頂端呈葫蘆狀，稱為「石塔公」。

據傳石塔公的由來，為清道光廿二年（一八四二）舊濁水溪發生水災，東螺溪溪水暴漲，村莊岌岌可危之時，村廟武聖宮關聖帝君顯靈，指示村民在溪邊豎立石塔以破除水患。村民依神示設立後，溪水退去，村莊得以保全，此後少有水患之苦，此地也因石塔而得名。

彰化縣溪州鄉西畔村濁水溪旁之石塔。

曾經台灣第一進香團—彰化南瑤宮笨港進香回鑾涉水過濁水溪時，在黑暗中差點迷失方向，所幸岸上微光引導，香客才脫困，一上岸看到五角錐狀高聳石塔，認爲「那道救人的光」就是來自石塔，從此結下石塔與南瑤宮的情緣。相約在進香回鑾時經過石塔，進香隊伍會向石塔參禮，稱爲「祭石塔」，並停駕石塔武聖宮參香賜福。

嘉義縣鹿草鄉碧潭村龜塔

嘉義縣鹿草鄉碧潭村有座龜塔公園，起源於此處有一座百年龜塔。清朝時期，嘉義境內八掌溪氾濫，位在嘉義鹿草八掌溪北畔的碧潭村，因鄰近八掌溪，自古以來即飽受水患之苦，先民便在八掌溪北岸邊設立「龜塔」以鎮水患。

在民間信仰裡，神龜和佛教的寶塔皆有鎮邪化煞的風水功效，爲當地龍湖宮三代祖師指示村民建立，據說龜塔建立之後，碧潭村就較少受到水患的侵擾。

日治時期，信徒將龜塔改建爲七層八卦形式寶塔，於塔頂安置石龜一隻，朝向八掌溪，如在觀察溪水消漲之狀。每年村廟龍湖宮三代祖師聖誕安營遶境時，都會特別繞行龜塔，祭祀龜塔並畫符貼於塔上，增加龜塔的靈力鎮守家園。

嘉義縣鹿草鄉碧潭村八掌溪畔之龜塔。

台南市安南區學甲寮西營寶塔

台南市安南區學甲寮，位於安南區的北端，濱臨曾文溪，緊靠堤防南岸，西與什份塭庄、土城仔兩庄，東與溪南寮仔爲鄰。居民大多是從今台南學甲遷入，故稱「學甲寮」。慈興宮是學甲寮信仰中心，所祀保生大帝與中壇元帥由學甲慈濟宮分靈而來，池府千歲由苓仔寮保濟宮分祀而來，慈興宮於一九七八年改建於今址。

西營九層寶塔建造於一九六二年，位於學甲寮慈興宮的西營旁邊，又稱「學甲寮西營寶塔」，用來抵擋曾文溪改道，塔高九層，頂層站著一隻朝天的虎爺，朝向曾文溪，下面一

台南市安南區學甲寮曾文溪畔西營寶塔。

層有一隻「重明鳥」，主要克制洪水猛獸，最底層洞口有一隻蜈蚣，塔旁還有一塊碑刻著「福德正神」，相當特別，可以說是一種多樣厭勝物組合的鎮水寶塔。

鎮水神物

屏東大路關石獅－除水消災的獅子王

「大路關」為今日台灣屏東縣高樹鄉廣福村與廣興村之舊名，此地之特色為，村中有三座巨大的石獅公。依據《廣福神獅記》碑文記載，約清乾隆年間建了第一座石獅公。到了清咸豐七年（一八五七）爆發水患，當地傳說此石獅為拯救庄民身家性命，便用身體橫臥於水流

屏東縣高樹鄉廣福村大路關石獅公。

湍急處，企圖將水導入舊河道，但因洪水洶湧，致使祂力竭遭沙泥掩埋。直到日大正七年（一九一八）又建了第二座石獅。一九四五年後第一座石獅仍沉埋土中，第二座石獅又斑剝瘡痍，當時的居民研議應再修建第三座石獅以慶祝台灣光復。

到了一九八四年，經村民及有心人士協助下，以吊車令首座石獅重見天日，並將神獅遷至廣福村順天宮埕前安座祭祀。二〇〇八年時列入文化資產保存。

相傳獅老二，曾爲大路關庄民守護口社溪灌溉及飲用水源，由於大路關地區的客家先民，早年因爲灌溉水源的問題，經常與周圍的河洛與平埔族群有所爭執，引起鄰庄村民的仇視，日昭和九年（一九三四）口社溪又再氾濫成災，致使舊南勢遭受水患，有心人士直指是大路關石獅顯神威將洪水分流致使舊南勢受災嚴重；遂暗中派人以大釘鎚，由石獅臀部敲擊入獅身，致神獅失靈喪失神威。

在庄民的信仰中，石獅公具有鎮風、止煞、擋雨的神力，以農曆二月廿九爲石獅公誕辰。

南公親寮劍獅與石象

曾文溪兩岸的水邊厭勝物之多樣性，可說是全台最豐富多元，常有許多讓人想不到的厭勝物。

台南公親寮（今公親里），位於安南區東北，單獨成一聚落，北濱曾文溪，東與舊台南縣安定鄉新吉庄爲鄰。因爲濱臨曾文溪，時常飽受溪水氾濫之苦，農曆七月底「拜溪墘」爲當地重要的祭祀活動。台江內海於道光年間，陸化以來，曾文溪歷經數次改道，曾文溪第三次潰堤，村民向上天祝禱，希望借助神力避開水患。

日治時期，公親寮在清水祖師指示下安置劍獅與石象，以保佑地方安全免於水患侵擾，居民不只祭拜溪神，也在村中安放鎮水神物，這些儀式與厭勝物，爲台江水患的歷史見證。

台南市安南區公親寮鎮水神象。

鎮水神陣

台南市南瀛五大香鎮水蜈蚣陣

曾文溪以其豐沛之水資源孕育大地，北起將軍溪，南迄鹽水溪，其南北擺幅達二十五公里以上；也造成不少水患，下游發生多次改道；台南流傳一句俗語：「曾文溪一青瞑蛇烏白咬」，形容從清道光年間以來，一百多年內，曾文溪下游多次重大的河道變遷。

然而，在這惡劣的環境中，卻造就了台灣藝陣的搖籃，不管是文陣或武陣都不在話下。據傳蜈蚣可以剋蛇，所以在台南最出名的五大香科，都出現「蜈蚣陣」的身影。曾文溪下游由於飽受河道改道之苦，水災過後帶來的種種疾病使百姓生命受到嚴重威脅，民眾除舉行除瘟送船的王醮，更組百足眞人蜈蚣陣來克制這翻來覆去的「青瞑蛇」。

蜈蚣陣在早期廟會裡，近於藝閣中抬閣的形式，由竹、木材質搭成抬閣，座上由眞人裝扮民間傳說或神話人物，由於連結成行，狀似百足之蟲—蜈蚣，遂稱爲蜈蚣閣，而後逐漸演變成具有神聖性質的宗教藝陣。

目前台灣蜈蚣陣最盛行的區域主要在西南沿海一帶，在台南市的學甲慈濟宮學甲

台南市西港區慶安宮蜈蚣陣。

台南市佳里區金唐殿一〇八人蜈蚣陣。

香、佳里金唐殿蕭壠香、西港慶安宮西港香、麻豆代天府麻豆香、土城鹿耳門聖母廟土城香中固定出現，具有神性，稱謂百足眞人，掃除不祥、趨邪怯魔，達到綏靖地方，成爲南瀛香科最主要的標誌。

鎭水神營

五營將軍，或稱五營神將、五營元帥、五營神軍、五營兵馬、五營旗等，簡稱「五營」，是宮廟重要的兵將，保護廟境或村莊的重要護法神。五營分爲「東營九夷軍—青旗（張聖者）」、「南營八蠻軍—紅旗（蕭聖者）」、

嘉義縣六腳鄉蒜頭永安宮朴子溪畔「水尾營」。

台中市豐原區豐原水神碑。

台中市石岡區金星石鎮。

「西營六戎軍—白旗（劉聖者）」、「北營五狄軍—黑旗（連聖者）」、「中壇三秦軍—黃旗（中壇元帥）」，為主神重要的軍隊。

安營來鎮水的傳說故事，在曾文溪、北港溪、朴子溪、八掌溪、高屏溪、大甲溪等都有發現，有的會在水邊多設一至二個營頭稱為「水邊營」或是「水頭營」，曾文溪更會將營頭、神樹、石敢當等集合，加倍保護；苗栗竹南地區、清水高美地區則會安置青竹五營符來擋水患。這些設置無不是主神的神力展現，以保護祂的子民，居民每年也會特別來祭祀這些營頭，並增進其保護的靈力。

水難事件的祭祀

雲林縣口湖鄉台子村蚶仔寮牽水轙。

海邊水難—雲林口湖牽水轙

清道光二十五年（一八四五）農曆六月初六大雨連日，初七忽然狂風大作加上北港溪與牛挑灣溪溪水灌入樹苓湖，來不及宣洩的溪水在強烈西南颱風襲捲下，倒灌進沿海地帶，造成兩溪下游當地民眾俗稱「湖內洗港」的慘況。一夜之間，從虎尾溪到北港溪沿海一帶，全部淹沒，尤以下湖口一帶的九個村莊（下湖、蚵仔寮、魷仔窪、新港、無尾敦、蝦子寮、下崙仔、泊仔寮、竹苗寮）最爲嚴重，其中蝦子寮與竹苗寮更是死傷慘重。直至六月十二日雨勢稍減，海水退潮，沿海一帶已横屍無數，且當地所有田園跟魚塭都已毀壞，屍體數量之多無法單靠民力，必須倚靠官兵才得以收埋，當地所有的棺材跟草蓆早已被買盡，爲了不使無法收埋的屍體曝屍荒野，只得集體挖坑分四處埋葬，稱萬人塚。

台灣兵備道熊一本、台灣鎮總兵葉長春會同台灣府知

雲林縣四湖鄉下寮仔萬善爺廟萬人塚。

府仝卜年向道光皇帝稟告災情，爲了體恤百姓，皇帝特准開義倉穀米一千石並撥銀三千兩賑災，另將收埋罹難者的萬人塚敕封爲「萬善同歸」，但可能是因爲災後飢荒和屍體腐敗後發出的惡氣，導致當地之後又發生瘟疫，死傷人數高達上萬。

清咸豐元年（一八五一）移居下湖的倖存居民，爲了祭祀在六七水災罹難的親人，開始募款興建草祠於蚶仔寮西南處萬人塚旁，即蚶仔寮舊港口萬善爺廟前身。後又經由咸豐八年（一八五八），外埔庄商人王大有倡議募款，嘉義縣府撥銀助建，開始擬廟堂式的萬善爺廟，又因金湖地區的居民交通不便，於一九五八年分靈建金

雲林縣四湖鄉下寮仔萬善爺廟「挑飯擔」。

湖萬善爺廟。下寮地區則在咸豐二年（一八五二）建了一間萬善爺廟供祭祀用，並將亡者收於骨灰罈中，水缸用石灰封抹成一堆堆的石垃，並於農曆六月初七舉行擔飯的祭儀，由當地居民以扁擔挑飯菜至下寮仔萬善同歸祠供往生先人享用。

四湖下寮仔萬善爺廟在農曆六月初七下午，由當地居民以「挑飯擔」方式祭拜祖靈。這些村民是由口湖鄉的下崙、崙中、崙東、崙南、崙北及四湖鄉的箔子、箔東、廣溝林東、林西、飛沙、飛東、三姓等合計十四庄村民聯合祭拜，當天村婦各自肩挑扁擔，內裝烹煮的祭品，頭戴外包台灣花布的斗笠，在炎炎夏日下帶著崇敬莊嚴的心情從家中走至萬善爺廟祭拜，而此儀式更成爲當地重要的宗教盛會。晚上還有一場溫馨特別的儀式，入夜每人點燃一盞蠟燭，排列在每座半圓型的墓塚間，爲已故的先民引路歸來。

四湖、口湖海邊後人每年農曆六月七、八日會舉行盛大祭典，緬懷水災罹難的先民。事發地點雖於古笨港溪出海口北岸，但位處南岸居民嘉義縣東石鄉（溪子下，蚶子寮）也時懷不捨之心與感念之情，於每年的農曆六月初八，都會結隊引伴，提著菜碗金帛，至堤防上，朝北岸金湖方向遙祭當年犧牲隕落之先賢萬善爺公。

四湖挑飯擔祭祖靈與口湖牽水狀、放水燈、牽水轙及追思會等超度科儀，登錄爲雲林縣無形文化資產，二〇一〇年七月獲行政院文化建設委員會（文化部）指定國家重要無形文化資產。

溪邊水難—做水醮、水福

南投水里全鄉建醮

南投縣水里鄉每十二年的亥年都會舉行全鄉「亥年建醮」儀式，主壇就設在永豐宮。起因爲一九四六年丙戌年時水里受到洪水災害，河流改道水災久久不退，地方仕紳商議在濁水溪岸向天地祝禱，果然在不久後的一場大雨，河道又改回至舊河道。

因此在一九四七年，由地方商議舉辦三天三獻法事並普渡四方，並立下未來將每十二年建醮一次。兩年後全台灣因八七水災重創，但水里鄉倖免於難，爲此全鄉禁止屠宰，素食齋戒沐浴舉辦醮典答謝神恩，民眾就在該年舉行第一次的亥年建醮。二〇〇八年爲第五次建醮。

彰化北斗地區拜溪王

清光緒二十四年（一八九八）東螺溪沿岸發生水災，稱爲戊戌大水，因爲濁水溪支流，清水溪的上游草嶺潭潰堤，河流溪路北移。洪水回歸舊濁

南投縣水里鄉亥年全鄉大醮。

水溪，使東螺溪成爲濁水溪下游的主流，溪水大漲勢如奔馬。

相傳水災前一夜，東螺媽託夢給本鎮武秀才陳作舟說，大水淹到三角湧，隔天果然洪水湧至，武秀才陳作舟不知道三角湧在何處，便拿香呼請東螺媽，順手在地上一插，說這裡就是三角湧，滾滾洪水果然只淹到那裡。又傳洪水退了之後眾人入陳宅，感謝東螺媽庇佑，發現軟身東螺媽，衣袍濕透，金柳二神將滿面汗濕，眾人方知東螺媽以其神力，化解本境的災難，居民得以安居。爾後每年農曆八月十二日，東螺溪沿岸，都會拜溪王水府，以求平安。

彰化縣北斗鎮東螺溪畔拜水府。

苗栗卓蘭內灣地區水福

在大安溪上游的苗栗縣卓蘭鎮內灣里，東邊爲小雪山山脈，北邊則以大坪頂和食水坑接壤，西邊與上新里相鄰，南邊則以大安溪和東勢隔水相望。大安溪從大雪山山脈流出後，在內灣形成一個向內彎的弧形沖積平原。根據當地耆老指出，內灣因堤防尚未建成前，整個內灣平原都是河川地，水流向不一定，在中央伯公土地廟左邊的山壁前，河流沖刷而形成一個彎道與深潭，這裡就是所謂的「內灣」。

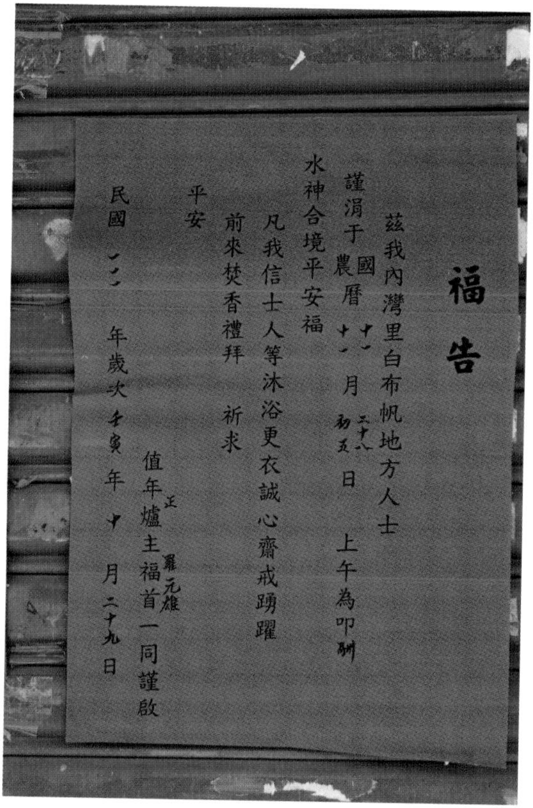

苗栗縣卓蘭鎮內灣地區「完水福」。

內灣里，包含東安、東盛、白布帆等聚落，這些聚落都沿著大安溪北邊，白布帆聚落經常發生水災，水災是此地區經常性的天災，清咸豐二年（一八五二）六月，更讓臨溪的村庄幾告廢庄，大安溪對卓蘭地區的威脅一直存在。

白布帆、內灣聚落有一個特殊的祭祀儀式，「水福」祭祀活動，由於聚落天災不斷，普渡活動的概念被強化，因而特別重視對好兄弟的普渡。年初「起福」儀式為聚落居民對上天的祈福，期望今年風調雨順，面對天災時，化解危機，於年底舉行「完水福」儀式，以答謝眾神庇佑，現今白布帆、內灣、東盛仍在舉行，代代相傳對自然的崇敬。

溪邊水難—曾文溪扛茨走溪流

台南的曾文溪與急水溪有著蜈蚣陣鬥青暝蛇的傳說，然而這條亂竄的青暝蛇，除了用厭勝物在溪邊鎮守，在中下游浮腹地的台江內海，更演化出一個少有人知，而急需保存的文化活動「扛茨走溪流」。

從字面上看很難聯想到「扛厝」，但真正去現場看到之後，不可思議於台灣先民是如此可愛與有智慧，人民為了在新興的地區開發討生活，不得不依順著環境改變，除了誠心祭拜「溪王」，「扛茨走溪流」便是另一個水患的遺跡。

居民為求住居平安，發展出「竹籠茨（厝）」建築工法，以竹管為梁柱，並以鑿孔

台南市安南區溪南寮「扛茨走溪流」的房子。

穿榫方式銜接結構。「竹籠茨」是台灣的傳統民居形式，因牆面爲竹編或用蘆葦草編織，又稱「竹編仔厝」，以口徑尺寸各異的竹管，鑿口榫接之後架接成屋。因爲竹子與蘆葦都是容易就地取材的植物，四周牆壁再以泥土白灰敷壁，頂棚覆以芒草、茅草遮雨，其屋基僅擱置於平坦硬地上，並未埋入地下，如遇大水，可敲破四周壁垣減輕重量，再以人力扛至高地等待洪水退去。

現在社區發展協會與國立台灣歷史博物館合作，追憶一九二八年台江溪南寮庄民因家園遭曾文溪水患沖毀，眾人合力扛起竹籠茨遷徙的艱辛歲月，重現這段水患歷史記憶。

溪邊水難—神明與溪水的故事

北斗保安館蘇王爺移溪

毗臨濁水溪畔的古街市—北斗，在歷史的潮流中，與濁水溪有著不解的緣分，也留存許多與溪流有關的傳說。北斗其南方東螺溪（舊濁水溪支流）就有許多神明移溪的傳說，七星里新市街上的保安館，便有蘇王爺移溪的故事，文昌里張府天師公壇也有天師公釘犁頭符止水災的傳說。

北斗保安館，主祀神蘇府大、二、三王爺，陪祀楊府王爺，創建於清嘉慶元年

彰化縣北斗鎮保安館蘇府王爺移北斗溪。

（一七九六），是北斗東門境三間主要的角頭廟之一。其主神蘇府王爺，分靈自鹿港奉天宮。相傳清道光年間，北斗溪經常水滿爲患，沖潰堤岸，民不聊生。清道光十一年（一八三一），蘇王爺出巡時，在當地居民的跪求之下，王爺隨即答應擇日移溪。在移溪當日準備了鋤頭、畚箕、牲禮、五味碗、金紙、敕鋤頭符令、布鎮七星，先祭拜山、水二神後，再由隨駕法師手持寶劍作法，王爺神輿壓陣，瞬間溪流隨鋤頭符令轉移，眾人無不稱奇，從此東螺溪的水患不再、人畜平安。

天師公壇天師公釘犁頭符止水災

同爲北斗東門境三間主要的角頭廟之一的「天師公壇」，創建於康熙五十七年（一七一八），爲台灣開基天師公廟之一，主祀張府天師公，另祀有三界公、天上聖母等，開基主神原本供奉在福建天師公廟，由信徒二、三人專程迎請神像，渡海至寶斗庄，並搭廟祭祀。

清道光年間，北斗溪經常水滿爲患，沖潰堤岸，張府天師囑咐乩童與地方仕紳大水溪岸釘犁頭符，溪岸得以停止崩毀，溪水不至於潰堤氾濫。至今溪邊釘符之處還搭起一間小廟奉祀天師公，永護地方安全。

彰化縣北斗鎮天師公壇犁頭符止水患。

台南市北門區南鯤鯓代天府安營用的「瓦符」與「竹符」。

南鯤鯓五王犁頭符治水

南鯤鯓代天府五府千歲的靈驗事蹟相當多，在五王流傳下來的眾多神蹟中，就有治水患的故事。據說日本時代，南鯤鯓廟地後方的溪流十分湍急，溪水時常氾濫，沒多久，其上囝仔公的小廟就被沖毀。之後溪流逐漸逼近代天府，南鯤鯓處於隨時會被沖毀的危機之下。某日，五王忽然降駕，畫了七張「犁頭符」，並命信徒準備犁頭七個、大鑼兩面，便率領信眾前往溪邊作法。五王乩身剛結束科儀，被溪水侵蝕的土地就逐漸浮起。隔年，五王指示，發動兩萬餘名信眾築堤以保護代天府，數月後堤防完成，稱爲「五王堤」，囝仔公也回到原地重建萬善堂。

犁頭符。

彰化縣北斗鎮溪邊「石佛公」。

住在水邊的人，與水一起生活，保留許多的水邊文化，順著水漂流而來的神像、物品、無人祭拜的屍體，皆被人們祭祀，以保佑地方平安，經過種種儀式轉換，讓陰神變爲陽神。台灣是海島國家，常常會接收到漂流來的神船，造就台灣地區沿海的王船信仰文化；也接收到很多海上漂來的屍骨，在水邊建立祠廟，這些信仰儀式在在表現出台灣人悲天憫人的信仰概念。

水雖柔軟，但卻充滿力量，如何讓他順其道而行，這是先民努力的目標。由於當時的堤防都爲土石相兼的材料，洪水常常破堤而出，造成大量水邊聚落生命財產的流失；但水患未必只有災難，因爲河流改道，大量泥沙淤積產生浮覆地，很多溪邊的居民便在此種植農作物，所以水能載舟亦能覆舟，先民配合神明在水邊設立許多厭勝物，來防止溪水與自然的煞氣，更組織陣頭來讓溪水平順。

水難發生後，因有神明與上蒼的憐憫，生存下來的人們心存感恩，便選擇時間祭拜眾神與好兄弟，閩南人「拜溪」、「做水醮」等；客家人「祭河神」、「完水福」，都是在感謝上蒼讓自己倖免於難，子孫也能在眾神的照護下，繼續在此塊土地上生活，便留存許多相關神明移溪、擋水的故事。

雲林口湖鄉蚶仔寮萬善祠超度法會「放水燈」。

第四章　科儀中與水相關物事

文明的早期，人們開始探討各種事物的組成或分類，水在其中扮演了重要角色。中國古代的五行學說中水代表所有液體，以及具有流動、潤濕、陰柔性質的事物。

在台灣傳統祭典儀式中，有許多與水相關的醮典與科儀，要來談論水的科儀時，可以從水的特性來談起，水有源頭，漢人的本源觀念中有「木有本、水有源」。所以本源觀的理念主要表現在祖先崇拜，與追本溯源的宗教崇拜活動。老子認爲，如果在世界上找一樣東西來描寫「道」，最適合的就是「水」。在台灣民間信仰中，「水」便是生活中的一部分。

本章將從台灣民間信仰中，所用到與水有相關的儀式與物品，來和大家分享儀式中所見之水的信仰觀念。

高雄地區刈水火儀式。

與水有關醮典的水邊行事

台南沿海地區起建禳湟水醮科儀，恭送水王、水鬼、水獸離境。

「醮」爲聘請僧道設壇祈神求福的過程，台灣民間的建醮，大體上依地方的需求，而設立醮典如：清醮、慶成醮、王醮、水醮、火醮、海醮等。台灣四面環海，跟海與水相關的醮典也因此產生。不管是台灣本島，或是澎湖、金門、馬祖等各島，都有跟水相關的醮典儀式。

水醮

水患來時，人們經常因而喪失生命財產，此外由於早期缺乏橋樑，因渡河而亡者爲數也不少，人們自然視水爲凶神惡厄，每每於地方發生事故後，都要舉行水醮，以解水厄的水醮，乃爲解決水厄與感謝渡過水患而行的醮典。

清光緒二十四年（一八九八）東螺溪沿岸發生戊戌大水災，洪水回歸舊濁水溪故道，相傳水災前東螺媽託夢給本鎮武秀才陳作舟，陳作舟拿香呼請東螺媽，順手在香在地上一插，滾滾洪水果然只淹到那裡，感謝東螺媽庇佑，化解本境的災難，居民得以安居。爾後每年農曆八月十二日，東螺溪沿岸，都會作水醮，以求平安，其形態與祭溪類似，但當地人都說做水醮，祭典時並未聘請道士主持。

另外較常見有做水醮之處於高屏地區，常常爲配合在慶成醮、清醮前舉行，所以其建醮名稱會使用「慶成謝恩水火祈安清醮」。水醮時會有送水船儀式，在送水船之前，會舉行禳災科儀，此區道教科儀認爲，在水災之後，地方的髒亂會產生瘟疫，所以在高屏地區完整的水醮，還須舉行「關五雷神燈」、「和瘟」等科儀，祈求水災過後瘟疫別接著橫行，最後將水船送至河邊焚送。

台南地區也有在做水醮，但比較少見，台南水醮在醮壇會寫「禳湟」，主要目的是禳祀水府扶桑大帝、四海龍王、水

水醮水獸。

德星君、水精、水怪、水獸，分別有啓請、水神、水獸開光，祀水神，打水部，最後奉請扶桑大帝、四海龍王、水德星君，將不好的水精、水怪、水獸送離轄境。

海醮

台灣地區四面環海，自古便以海爲生，然而在這茫茫大海上討生活，對大海更是敬重，像嘉義東石地區就有拜海；澎湖七月有拜海墘；金門拜海墘、馬祖的補庫等。年底謝冬時，漁船船主會聘請道士舉辦海醮，高雄茄萣地區會在烏魚豐收之後舉辦，因爲此醮典較少地方舉辦，知道的人也比較少。

金門「后湖卯年海醮」，於二〇一一年十二月十五日，正式登錄爲金門縣政府縣定民俗。金門縣金寧鄉後湖村，位於金門縣西南方，人民以捕魚爲生，民國三年（一九一四）年底，有六位出海捕魚的村民因爲天氣突然變化而命喪大海；后湖昭應廟的神明透過乩身表示，該起海難事件是海中亡魂討食作祟所致，村民便決議於民國四年（乙卯，一九一五）設醮祭奠海中亡魂，以求消災解厄、海面平靜、漁獲豐沛。此後相沿成習，每隔十二年、適逢兔年就會舉行一次「海醮」。

后湖卯年海醮，都會聘任道長做五天的法會，醮典時會請後浦城隍爺、開浯恩主陳淵，以及「靈濟古寺」內的觀世音菩薩來監醮。舉辦的日期爲神明決定，並舉行相當多水邊超度的儀式，以祈求出海平安。整個儀式有敬奉水府諸神，更重要的是在於普渡水中的亡靈。

龜醮

喜樹萬皇宮龜醮，於二〇二一年二月正式登錄爲台南市定民俗，台南地區流傳著一段俗諺「堀仔沒廟，鞍仔沒醮，塩埕雙頂轎，瀨口沒廟，喜樹做龜醮，灣裡王船廟，桶盤淺沒大轎。」其中就有說到「喜樹做龜醮」。

喜樹萬皇宮龜醮，據傳於大正四年（一九一五）《台南廳寺廟取調書・喜樹廟宇》，就有八月廿四日「龜醮」祭儀的記載，爲每年的例行祭典，所以其發生的時間應該會更早，或許在清朝末年便已出現。

龜醮的傳說，描述喜樹庄某天牽罟意外捕到大海龜，在眾人的決議下分食，使本已修煉成道的龜精憤怒不平，進而降災於喜樹庄，有分食的庄民住所當晚遭受祝融，未參與分食的民家則安然無事。後來在萬皇宮眾神明的協助下與龜精進行調解，指示每年農曆八月廿四日舉行醮典祭儀，製作仙舟添載日常用品，將其焚化迴向給龜靈公，以示庄民道歉之誠意。

龜醮，其意義比較不同，主要是向「龜靈公」的謝罪儀式。廟方首先會糊製一艘仙舟與一尊龜靈公紙糊金身，聘任道長來主持儀式，道士會誦：《川主龍王眞經》祈求喜樹境內平安；誦《太上三元寶懺》向龜靈公懺悔；誦《祭仙舟福文》祭龜靈公、仙舟、水手。

主要儀式有仙舟「開光」、仙舟「添儎」、仙舟「啓航」、「恭送仙舟」等，道長恭讀疏文，請三府千歲作主，此「萬皇仙舟」是喜樹萬皇宮爐下信眾要獻給龜靈公的補給船，再請廟方人員向仙舟敬酒後，起錨出航。送至喜樹海邊焚化，完成整個龜醮儀式。

台南市南區喜樹萬皇宮龜醮送船。

與水有關道壇的水邊行事

在各種宗教的儀式進行中，水是不可缺少的儀式媒介，也扮演了很重要的腳色，如水可以潔淨環境、洗滌身上的不潔之氣、水能容納萬物、水能變爲氣遍布各處，水可以通往各個境地，所以水在儀式中是不可缺少的元素。

道壇圖四府—水府

道教神像掛軸主要用於醮典壇場布置，主要的畫像有三清、玉皇、紫微、三官、天師、北帝、四府等，四府圖分別畫有天京、地府、水國、陽間諸神像。

其中水府又稱水國，其掛軸內容主要描繪職司氣象以及掌管海洋，水域的諸天神仙。在四府掛軸的水府眾神中，出現的神尊有：氣象的風伯、雨師、雷公、電母；掌管天、地、水三界，三官大帝中的水官大帝，或是統御水府的扶桑丹霖大帝；以及五海龍王等；加上蝦兵蟹將，水族魚類，構成圖中的樣貌，表示此醮典之功德普遍天、地、水、嶽各界。

整幅圖上半部出現，氣象的風伯、雨師、雷公、電母；中間爲主角，坐於輿車上之扶桑大帝或水官大帝，輿車由一條綠鱗龍拖行朝左方行進，輿車之右立一名朱衣公仙官，龍背上坐一名黃衣金甲神，大帝背後立一對分著橙紅、粉紅袍之持旛女官，最下方有魚、蛟、五海龍王及一名持旗與一對進寶之龍宮精怪。這些人物，將整個圖面

台灣道壇中的「水府諸神」掛軸。

分爲三部分，上爲氣象有關的神明；中間爲此界主掌；下爲水中諸神。

取水淨壇

取水淨壇，是台灣中部地區建醮科儀前重要的儀式，取水的地點都會選擇區域的水源地，或是重要的水井取水，道長會在水源地舉行「取水淨壇」科儀，祈請五方、五海龍王賜給清淨之水，用以清淨廟宇、鄉里。拜取淨水後，會用桃柳枝沾水灑淨醮域，由於中部地區常有十二年全鄉建醮的習俗，所以都要派好幾組灑淨的車輛來進行。在取水

台灣中部地區建醮儀式中，至水邊取龍水淨壇。

時，還會念「龍來，水到，添丁，進財」。

取水淨壇，主要就是取神水來洗淨區域的無形汙穢，「一點清泉淨此地，千般厭穢逐他方」，清淨壇宇之後，就要奉請天上聖仙神佛蒞臨壇場。剩下的水，還會放於壇場前方，供要入壇的醮首們再次灑淨之用。

封山禁水

建醮舉辦期間，境內善信都必須持戒齋素，以示虔敬之心意，維持建醮法會的聖潔，「封山禁水」表示開始齋戒，這個科儀會在建醮儀式前舉行。

「封山禁水」本身的意義是指封住山區和水域，禁止人們外出做殺生行為，境內的善信都得持齋吃素，市場不得販售雞鴨魚肉；建醮期間，在內壇，一切因

道醮科儀封山禁水時要用紅布將鼓包起來。

殺生而得到的皮件，無論是皮鞋，皮帶以至於皮包，都不能攜入，連用皮類製成的鼓，也需要用紅布包起來。讓內壇絕對聖淨，直到拜過天公才可開葷。

台灣中部地區，常有全鄉、全市的建醮活動，所以在建醮期間，連醮域內的學校、軍區、速食店、超商都改賣素食。台東地區的海邊，也稱此儀式爲「封山禁海」，其意義大致相同。

儀式的淨水

道教與佛教在科儀中都需要用到水，道士或法師會將符令燒化入水中，稱「淨符水」。小嬰兒如果啼哭吵鬧，老一輩習慣以淨符水沐浴嬰兒，有收驚的作用，希望嬰兒聽話、健康。喪家辦完喪事，會依照習俗以淨符水洗身，送葬者往往會以手指沾淨符水，抹於身上，象徵洗去厄運。入宅或買新車，也有人會用淨符水潑灑屋內或車內，保佑平安。

淨符樣式甚多，如「三字總持符」、「六字眞言符」、「九鳳破穢符」、「五雷淨水符」、「五龍吐水符」、「北斗押煞符」等等，各地流行的形制不一。有的會跟法師或道長索取，有的廟中就有擺放，或者是乩童濟事之時，派下符令化水洗身，去除晦氣重返清淨。

佛、道教，對於淨水的部分都相當重視，如佛教就要誦念《楊枝淨水讚》、《心經》、《大悲咒》，讓平凡的水轉換成神聖的水。道教則誦《四小咒》、《水讚》等，將水放於淨水缽中，以供儀式之用。

解結赦罪（水盆）

解冤釋結在宗教科儀中占有重要的地位。在各種教派中都有相關儀式，道教的說法，借著醮典科儀，大公無私地爲善信們解開冤結，赦免罪過。所謂冤結，主要指世間種種人際怨懟，引起陰訟牽連、人鬼牽連，陰鬼受難，陽世受報等，認爲須用科儀和符

道長在登台拜表科儀中，須用七星劍與淨符敕化淨水。

道士進行解冤謝結之儀式。

文，解冤釋結，以求陰鬼升仙，陽世平安。

在台灣解冤釋結科儀，都會結合在建醮科儀、禮斗科儀、補運科儀中。此科儀不只陽世間的人能做，陰間的過往祖先也能藉由紙糊替身，來消除所背負冤結罪衍。

儀式由兩位道士分別站在三界壇兩邊的高板凳上，壇後還放一盆水及一把火鉗，先由高站的道士依序輪流宣讀平時最易積怨結仇的三十六結，隨拜的人員以及善信們則分列兩排，由兩名道士前導，每讀完一結（有些地方為節省時間，改成僅讀完三結），則依序從壇前到壇後繞一圈，走到水盆旁，每人取一張金紙點火焚燃，再放在火鉗上，並丟一塊銅板至水中，表示將所有的冤結送入江河大海。

灑孤淨筵

灑孤淨筵俗稱巡筵或巡普，一般中元祭在家裡的普渡，善信們只是把準備好的各類牲禮素果，糕餅飲料，菸酒脂粉等物品擺在普渡場中，一一插上香。但在醮祭或法會中的普渡，所有的祭品必經道士們灑孤淨筵，才算正式獻給孤魂野鬼。有些地區還會有神明輦轎或乩童配合，一起來進行，主法道士或法師，手持招魂幡，於普渡場中巡視祭品，施灑符水，清淨各種祭品，以誠心敬獻給來自各界的好兄弟。在巡筵的過程中，同時也

灑孤淨筵之儀式現場。

替善信們檢查祭品是否恰當，並且借有淨水的化食，讓來赴宴的好兄弟們都能吃飽，因此，巡筵的目的與其說是清淨祭品，不如說是替孤魂野鬼們衍化祭品，讓好兄弟們能飽餐一頓。有些較多供品的地方，或是普渡場所比較分散，都需另派道長，手拿淨水去將每份供品灑孤淨筵。

燃放水燈

建醮最後必須舉行盛大的普渡活動，正式普渡前一天，就會施放水燈，以招引水域中的孤魂野鬼，到陸上共享普渡盛宴。台灣各地放水燈形式差異很大，北部地方盛行結隊遊行，製作水燈排以壯行伍，且常製作

燃放水燈。

大型「水燈頭」。南部地區僅由道士執幡前導，直接至河邊施放，並不注重水燈遊行。水燈隊伍來到預定施放水燈的地點，道士或僧人必須在臨時的祭台前，宣讀疏文奏報天地神祇，召請水中孤魂共享普施的隆厚心意，完後並念誦經懺，以助亡靈超昇水域，點燃水燈中的蠟燭，再將水燈放流河中，人們相信，水燈漂愈遠，能招引更多的孤魂，能讓地方愈順利。桃園地區的水燈，雖然不很精緻，但數量多，有時有上百個水燈，極爲壯觀。放完水燈後，有些地方的習俗，會在沿路插香，以指引好兄弟來接受供養。

水燈排

建醮法會或七月普渡活動，都會有放水燈的儀式，乃爲普施水中的孤魂野鬼，招引祂們上陸來享用普渡的各種祭品，民間各地放水燈的時間、方式，習俗不盡相同。北部地區於放水燈之前都有迎水燈遶境的活動，迎水燈遊行中，水燈排是不可或缺的重要物件，早期的形制大者以材木爲中心，長達四五丈寬丈餘，須七八十人始能抬行。現在都用水燈排車取代人力，一整排水燈排車立於水邊，相當壯觀。水燈排以木頭竹竿爲架子，竹竿左右以數條杉木或竹根紮成橢圓形，分數十、數百格，以便每格懸吊一盞燈，寫上宮名或醮首的姓氏。日本在七月也有類似習俗「竿燈祭」；台灣中部地區，也有少數的水燈排，但整個規模只有北部的一半，古樸可愛。

台中海線地區水燈排遊街。

基隆市中元祭各姓氏水燈頭遊行。

水燈頭

台灣北部地區於普渡之前一天下午或夜間，舉行放水燈活動，主要目的爲招請溺於水中的孤魂野鬼，藉著水燈的指引，來到醮域，以接受人民供奉的祭品，但放水燈的方式、數量卻完全不同。有的地方希望水燈漂放得愈遠愈好，有的地方在放的同時便順便引火焚燃。北部的水燈頭則多糊製得相當漂亮，宜蘭地區甚至像一座小土地公廟一般，水燈頭的存在，乃是專供「主持祭典之『斗燈首』（如爐主一人，頭家三至六人，及主會，主醮，主壇，主事，天官首，水官首，福祿首等人）各持一燈，隨僧道，遊行至河邊，放入水中。」基隆地區則爲書寫各姓氏子弟代表。

彰化縣竹塘鄉埁台大普放水燈。

與水有關的神明

水府眾神，包含海裡、水邊、河邊、泉水、潭邊，主要職司掌管海洋，水域的諸天神仙。如三官大帝中的水官大帝，或是統御水府的扶桑丹霖大帝；航運郊行的守護神水仙尊王、海洋的守護神五海龍王等。

扶桑大帝

扶桑大帝，又稱東王公，道家典籍稱之爲東霞扶桑大帝，是中國上古神話中的男神。東王公一詞，以目前出土文物來看，最早見於西漢海昏侯劉賀墓中，出土衣鏡上的《衣鏡賦》。在道教晉葛洪《枕中書》中，道號稱之爲扶桑大帝；《十洲記》扶桑在碧海中，樹長五千丈，一千餘圍，日所出處。上有水府大帝宮，爲統治十二河源之府，古太眞東王父所治處。《眞靈位業圖》將其排在上清左位，號曰太微東霞扶桑丹林大帝上道君。後經道教增飾、奉爲男仙領袖，與西王母齊名之神。

《太上洞玄靈寶授度儀》稱水府扶桑大帝，可指揮下

圖上穿帝服者為太微東霞扶桑丹林大帝上道君。

三河、四海、九江、四瀆、五湖、七澤、溪谷、川源、橋樑、堰閘、龍宮水園、應幹責役、冥獄去處、照應神吏、備去姓名、根刷亡過，拔出羈囚其地，水沉沒罪魂之眾。

台灣民間較少地方奉祀此神，台南水醮中其疏文內容就有奉請水府扶桑大帝，並且會以紙糊其聖像，代表水府最高之神靈。

水官大帝

水官大帝，是道教中的水神之首，也爲三官大帝之一，全稱「下元三品五炁解厄水官金靈洞陰大帝暘谷帝君」，亦稱爲水官洞陰大帝、暘谷帝君、下元三品解厄水官洞陰大帝，掌管水帝暘穀神王，九江水府河伯神仙，水中諸大神及仙籙簿籍。

泥塑大師林起鳳塑造的水官大帝。

《太上靈寶三元三官消愆滅罪懺》，至於四海三河、溪澗川源、池塘湖堰、渚穴流泉、水類魚龍、黿鼉龜鼈等濕居之類，並年歲豐歉，人民休咎，悉付下元水官校定。《下元水官寶誥》，暘谷洞元。青靈宮中。部四十二曹。偕九千萬眾。掌管江河水帝萬靈之事。水災大會。劫數之期。正壹法王。掌長夜死魂鬼神之籍。無爲教主。錄眾生功過罪福之由。上解天災。度業滿之靈。下濟幽扃。分人鬼之道。存亡俱泰。力濟無窮。大悲大願。大聖大慈。下元五炁解厄水官。金靈洞陰大帝。

民間傳說「天官賜福、地官赦罪、水官解厄」，人們認爲水官大帝爲禹帝，農曆十月十五日是水官誕辰，民間稱這一天爲下元節，很多廟宇會在這天舉行謝平安、補運等科儀。

水仙尊王

水仙尊王，簡稱水仙王，是中國海神之一，以貿易商人、船員、漁夫最爲信奉。台灣的重要貿易港口，大部分都有奉祀水仙尊王的水仙宮，有些自己是建立廟宇，有些則依附在港口的媽祖廟中陪祀。各地供奉的水仙尊王各有不同，通常以善於治水的夏禹爲主，再加上李白、伍子胥、屈原、項羽、夏奡、魯班、王勃等功臣，稱爲「五水仙」。

郊行，是台灣清治時期遍布於各地的商業公會組織，早期的移民和貿易皆賴船運，

台南市府城台郡三郊水仙宮—水仙尊王。

加上台灣海峽海象險惡，尊奉水神以護佑交通往返平安，運輸貿易得利，所以台灣大多郊行都祭祀水仙尊王、天上聖母爲其行會的守護神。港口的水仙宮也是協議物價之場所，有買賣斤兩糾紛之時，會來水仙宮做評判。清朝咸豐朝後西方勢力開辦洋行，讓傳統的郊行萎縮，甚至被其他運輸買賣方式取代，水仙宮也因此較爲沒落。

水仙尊王的信仰，除了貿易航運，很多港口船員、漁夫也信奉，如高雄林園鳳芸宮媽祖海巡前，都要先舉行「關水仙王」；屏東恆春半島地區，在神明聖誕之時，會至海邊或港邊迎請水仙王，一起來廟中看戲參與聖誕慶典，祭典完後再將水仙王送回海上。澎湖、金門地區也有類似的習俗，由此可見水仙尊王對水邊生活人民的重要性。

水德星君

水德星君，又稱水德眞君，是民間信奉的水神，爲水星之星君，五星君之一，全稱北方水德辰星伺辰星君。北方水德星君，水之精，黑帝之子。水德爲天心紫辰之星，正對崑崙之頂，處紫微之宮，即元氣之主。星君戴星冠，躡朱履，衣黑霞壽鶴之衣，執玉簡懸七星寶劍，垂白玉環佩。管人間水族，鮫龍群魚，雪雹凝寒之事。博大冠五行之首，生萬物之根，海濱江河宰酌之事。爲水官大帝部屬，掌管天下一切江海河瀆事務。

台灣客家人認爲水德星

彰化縣員林市南門一白水德星君。

君即是水官大帝，於是在下元節於各個水圳祭之。台灣早期開拓的水圳，如八堡圳、曹公圳邊，都祀有水德星君的牌位。這是祈求風調雨順，也是感謝水神的恩德。水德星君常奉祀在水源地附近，祈望水資源不虞匱乏，也避免水患。

水是火的剋星，因此自古以來便有人奉祀水德星君，以防回祿之災。在南部火醮中，打火部儀式時，主壇道長手拿「水火旗」，黑布上面寫著「北斗水神滅凶災」，紅布寫道「南斗火官除毒害」，藉由水德星君來克制火災。台灣彰化員林南門外的八堡圳邊便立有一方清光緒年間「一白水德星君」石碑，主要克制附近年年火災。

四海龍王

台灣的史冊中有許多龍王廟，有一些老廟裡面也不難發現龍王奉祀的蹤跡，自古就有「雲從龍、虎從風」之說，有著四海有龍王致雨，以解苦旱災厄之說，四海是指東、南、西、北四海，只是這四海中的龍王，則是結合了古代龍神崇拜和海神祭祀而生的信仰。爲了突顯水源的重要和神聖，海中有海龍王，井中自有井水龍王，山泉水源地當然也有甘泉龍王，河流有河龍王。在湄洲媽祖祖廟的陪祀神中，就有陪祀「五湖、四海、九河」的龍王。

龍王專職司理水下的世界，尤其是水底下的蝦兵蟹將，全都屬龍王管轄，因此行船遇到水域不靖時，要請龍王去管管水底眾生，以免祂們作亂，危害海上通行的船隻，因此大多數台灣的水仙尊王廟或是天上聖母廟中，都配祀有四海龍王神。

澎湖人例於十月初十祭拜四海龍王，因爲這一天所有的魚蝦都到龍宮賀壽，漁民出海也不會有什麼收穫，許多人這日都不願意出海，過了這一天，四海龍王開始返回天庭述職，海底下無人維特秩序，也無法確保漁民出海的安全，因此早期的漁人，過了十月初十這個特殊的洗港假日之後，便不大出海，一直要到第二年的開春以後，才開始新一年的捕魚作業。

台灣府、縣，在設城之初都有設置龍王廟，台廈道梁文科〈新建龍王廟碑記〉中提到：「龍神司掌雨水，澤庇生民，廟制既崇，享祀益肅，將見靈爽，昭垂海邦，永慶神麻矣。」台灣官建龍王廟，早期皆爲祈雨之用。

台灣府龍王廟是清代台灣最早興建的龍王廟，由台廈道梁文科在康熙五十五年（一七一六）捐俸助建，建成後並題留有〈新建龍王廟碑記〉，現今龍王尊神遷移至台南大天后宮。

諸羅縣龍王廟，位於縣治之東門，前有一方水池，風景秀麗，曾爲清朝時期諸羅八景之一—萬山倒影池，後因嘉義大地震，廟宇倒塌，神像移奉至嘉義市朝天宮溫陵媽廟中。

台南市府城祀典大天后宮陪祀四海龍王。

鳳山縣龍王廟，建於城隍廟旁，於清道光二十三年（一八四三），新建落成，鳳山縣事即補同知直隸州毘陵魏彥儀撰寫〈新建龍王廟碑〉記。現今移至曹公祠旁碑林中。

彰化縣龍神廟，清嘉慶八年（一八〇三）邑令曹世駿，於彰化南門內關帝廟旁建龍神廟「水晶宮」。因日治時期彰化市區改正，龍神廟便移至彰化市永生里民權路七十三號的集義宮中。

澎湖龍王廟道光六年（一八二六）間，鑒於澎湖孤絕汪洋之中，官宦商途皆仰賴海運，為感念龍王神航行平安之庇佑，建龍王廟於觀音亭東側，將原本輾轉寄祀於澎湖水仙宮、澎湖天后宮內的龍王神像請出，供奉於龍王廟內。

淡水廳龍王廟，位於新竹市，原本是五穀廟，建於清乾隆年間，後來在清道光九年（一八二九）被同知李愼彝改爲龍王廟。

高雄市大社區三奶壇龍神宮。

迎請與送離的水邊行事

台南學甲地區「請水」儀式。

台灣民間信仰中，水邊是迎接與送離的場所，水可以溯其源頭，也可以將其送入大海。水可以將需要的物品帶來，也可將不要的東西送走。

神明追本溯源的「本源觀」理念相當濃厚，因爲環境、政治與經濟等因素而無法返回祖廟謁祖，而演變出一套遙祭的民間信仰習俗，如南彰化地區的接天香；南部地區的上香山、上白礁、上馬巷等遙祭儀式。

兵馬是保護廟境或村莊的重要護法神，配合村內主神而成一套神界的防衛系統，兵馬也會隨著時間需要調動更換與補充，台南、高屏地區固定時間前往水邊「招軍請火」，主要的目的是神明經過儀式轉換，將稱作「歹物仔」的孤魂野鬼轉換成爲神明的兵將協助守衛地方。

水在民間信仰中，是重要隔離的媒介，也是包容萬物的元素，所以很多儀式後，會將不好的物品送至水邊「放水流」，如送瘟疫的船、替身草人、遊散魂魄、死去的狗等，都在最後送交至水府，讓其遠離此地，不要再來騷擾百姓生活。

上香山－安平迎媽祖

上香山是台南安平地區重要民俗活動之一，安平開台天后宮每四年舉辦一次「迎媽祖上香山」祭典，「香山」

是聖母回湄洲進香做儀式的場地，在今安平漁光里的沙灘，並朝向西北方大陸湄洲島的方向舉行儀式。

儀式舉行的前三天，舉行「八班夜巡」，由安平城隍廟的七爺八爺擔當重任，將媽祖上香山的所有路線巡視一番。整個遶境活動最重要的信物「布兵旗」即安平迎媽祖所用頭旗，掌旗者須選出「五公全」，分別是要擔任叔公、伯公、阿公、舅公、丈公，由福德聲望崇高七、八十歲地方長者仕紳擔任之。

首先會將媽祖護佑全台的布兵旗插於海邊，再由德高望重的女性依古禮取下媽祖頭上御賜鳳釵送媽祖先回湄洲謁見父母。儀式為「法爺團」念

台南市安平區安平天后宮「上香山」遙祭儀式。

咒、誦經，恭送媽祖回湄洲祖廟省親進香，並於科儀完畢後，於海邊布兵旗處跪迎媽祖回駕。儀式結束後，表示安平天后宮天上聖母已經從湄洲祖廟進香回鑾，隨即舉行遶境安平全境的儀式。此活動也於二〇一八年登錄爲台南市區的無形文化資產。

類似如此海邊遙祭的形式，在大台南地區還有學甲慈濟宮的「上白醮」；佳里青龍宮「上青醮」；麻豆海埔池王府「上馬巷」等，都是前往海邊遙祭祖廟儀式。

請水火

請水火或請水，是台灣西南部平原特有的宗教儀式，特別盛行於舊台南縣區域。一般台南地區的宮廟，會到特地的水域「請水招軍」、「遙祭謁祖」；再用容器汲水，用紅布包好，再將其放入竹簍或香擔中。請水儀式，大都在溪畔舉行，比較特別的是會有一支水牌插入水中，並有五營旗護衛，時刻一到，神明的神轎下水，拔牌，並以水罈取水，回廟祭拜。香擔往往會有兩個，一個是點火的香擔；另一個裝水。

台南請水儀式多樣化，並且有區域性，其認知也不盡相同，儀式更是有各種變化，至於再回廟裡的水，有的會在神桌底下，有的會倒入廟前池中，因其水所賦予的功能性不同，而有許多轉變。

台南蘆竹溝西天宮「請水火」儀式。

刈海香／刈水香／刈山香

北高雄與台南南部有一種比較特殊的宗教儀式活動，稱作刈香或稱「招軍請火」，有所謂刈海香、刈水香、刈山香，主要的目的是神明去「刈兵馬」。一般相信靠山、靠水或靠海之處是不好的邪靈，民俗稱作是「歹物仔」的孤魂野鬼出沒之處，神轎就到此處，下水把「歹物仔」刈來做神的兵馬，即是鬼魂邪煞等不乾淨的東西，經過儀式轉換，可以成爲有用的東西，以神明的兵將身分，協助神明守衛地方。

高雄地區稱爲「招軍請火」，首先廟中神明會指示，祂接獲玉旨要舉

高雄市大社區三奶壇「刈水火」儀式。

行招軍請火儀式，再來神明降乩說明時間與地點，時間選定後會先到要請火的地方「豎旗安壇」，招軍旗會立於神明指示地點，招軍旗上會書寫宮名、神明聖號、時間、地點，旗子上面會掛一盞招軍燈，並覆蓋一個斗笠於燈上。在附近會安設一座臨時神壇，神明會指示安奉哪尊神明於壇中，並派人全天燒香不可間斷，招軍前一日會拜天公，祈求活動順利，前一晚友宮前來報到，跟主辦廟較有交情的神明，都會掛有職務，如監考官、先鋒官等不同任務，人員會首還會幫神明背上五寶、五營旗、大印、聖旨等。

主神出廟後，法師會封廟門，前

往到招軍的地方陣頭會參拜招軍旗與神壇，之後停駕在兩旁，法師會先舉行開營放兵的儀式，恭請兵馬前來，等到吉時一到乩童點燃「降神爐」並用黑雨傘蓋爐上，在眾神護衛下香爐放入香擔中，交由專車載回廟中。全部陣頭回駕廟前還要舉行過火儀式，有的是用七星爐有的是過炭火，最後將香擔中的香灰舀入爐中完成儀式。

送草人

送草人，又稱送替身，是台灣民間信仰中重要的儀式，當人有病痛或不好的事情時，法師或道士會做一些科儀，將不好的運勢與病痛，轉移到草人身上，再將其火化，灰送入水

彰化縣鹿港鎮王爺暗訪送草人至水邊焚化放流於水中。

中，讓病痛與壞運遠離，常會出現在過平安橋或收驚儀式中。

王爺暗訪，這鹿港地區獨特的宗教活動，整個儀式包含接上蒼、調營犒賞、點兵排班、暗訪夜巡、送草人、繳旨、排班收兵等。暗訪前王爺會指示暗訪所要準備的相關事宜，其中會交代，用什麼時間的稻草來做草人，如一期稻作的稻草稱爲春草，二期稻作的稻草稱爲秋草；編織草人使用稻草的數目，送草人用的金紙，送草人的方向。男的草人頭部稻草齊平，女的草人頭部稻草後挽，廟裡的法師會來協助進行儀式。

送草人的過程中，以王爺的黑令旗鎮守壓制，以防邪魔亂竄，一路到達王爺指示的溪溝圳邊後，便將草人及大量紙錢點火焚化，並將其灰燼推入水中流向大海，完成送草人儀式。

送煞

民俗儀式拍成電影之後，原本單純在彰化沿海地區，傳自福建泉州一帶的送煞儀式，因爲電影引起大家的認識與注意。

「煞」有凶惡之意，民間所謂「送肉粽」是對「吊死鬼」的另一稱呼，自縊死者生前的怨恨，與死亡過程中那段痛苦的意識，因爲這些不堪的記憶，會在亡者離世的一瞬間，交織在一起，累積爲煞氣。亡者生前所用的物品，及所有相關吊物、繩索，皆可能

彰化縣鹿港鎮，「送肉粽」習俗將煞氣送流於水中。

彰化縣鹿港鎮至福鹿溪邊送散魂。

染上煞氣，故必須進行送吊煞儀式，將其物品及滯留不離的煞氣押送趨離出境。

民間信仰認爲，這種煞氣若處理不妥善，極有可能會漸漸影響到下一個人。整個法事須透過神明或執法者，溝通靈魂，配合法器神力將這不好的煞氣送出境外，送煞出境的地點都會靠近出海口或大排水溝，目的是爲了讓煞不斷漂流、不再返回。

與水有關的紙錢

台灣民間信仰在祭拜儀式中都備有供品與紙錢，紙錢，在民間信仰中深具其不可忽視之角色地位，日常生活的各階段中，都可見到紙錢的廣範使用。不同種類的紙錢，敬獻給不同的祭祀對象。

台灣傳統儀式中，有如此多的水邊行事，當然在金銀紙上也有相關的紙錢，如水庫、水錢、水關錢、水府錢、水官錢等。

水官錢

水官錢以朱紅色版印製於土黃色草紙之上。紙錢以粗線爲邊框，畫面上方橫框內書「水官錢」三字，下方框內作上下兩列六名神祇之像，上列中央一名爲水官大帝，水官大帝之左右爲神吏，下列三名爲神軍半身像，作武將裝束，左側兩人間圓圈。

民間一般相信三界公地位僅次於玉皇大帝，反映出民眾對於自然界中的天、地、水之崇高地位，祈求三官大帝賜福消災解厄，及感謝其保佑平安順遂。

水官錢主要是配合水庫與水錢一起使用，水氣主化，有消災解厄之效。

水官錢的圖案造型。

水府錢

水府錢以朱紅色版印製於土黃色草紙之上。紙錢以粗線與半圓形爲邊框，畫面上方橫框內書水府錢三字，下方框內繪有龍王手執令旗，立於水波之上。

水府錢主要用於法師祭解之用，民間信仰小兒成長必須經過三十六關煞，其中斷橋關、浴盆關、落井關，在施法祭改時會需要用到水府錢。如斷橋關，爲小兒過橋或在橋上看水倒影，所犯之關煞需祈求水官大帝消災解厄，所以法師作法過關之時，便會燒化水府錢給水官大帝；浴盆關、落井關二關一樣與水有關，所以過關之時一樣需焚化水府錢。

水府錢的圖案造型。

水關錢

水關錢以朱紅色版印製於土黃色草紙之上。紙錢以粗線與半圓形爲邊框，畫面上方橫框內書「水關錢」三字，下方框內繪有圓拱形的城牆立於水面上，關門中立一人作通過之造型。

「關煞」生成主要是天地之間之氣場轉變，對應人體而產生之干擾，進而影響到身體及時運，便是所謂的關煞。

關煞需由法師或道士作法，將不好的氣場轉換回來，讓人體回歸於正常的運行。其中犯水關，主要是防止在水邊發生的災難，此時法師演法，會將水關錢與過關錢一起使用，將其送至水邊焚化。

水關錢的圖案造型。

水庫

水庫不是指儲水的水庫，而是民間信仰中的庫錢，水庫爲藍色或綠色花紋，上頭都會貼上龍標寫著叩答恩光四字。台灣中部地區，則爲傳統金紙，上有打六個洞，並印上庫官，其庫官造型相當特殊，頭戴鹿角帽，騎麒麟獅，手握權杖，代表掌控與管理之意，上書水庫二字，金紙側邊也印有庫官的造型。

南部地區較常見水庫錢的圖案造型。

庫錢分別分爲天、地、水三庫，《道藏》書云：「一切眾生命屬天曹，身系地府，當得人身之日，曾於地府所屬冥司借貸祿庫受生錢財。」人一生中的財富有賴天地曹官貸款給你，借用庫財來人間運用，又稱爲「受生債」。人生來即是在還這債，除了用功德資財回報曹官，也可以依照道教儀式煉化冥財，塡補向各個曹官所借的庫財，這就是補財庫的由來。

補財庫的法事，呈進疏文，請天官、地官、水官，三官大帝做主，依照所缺失的部分加以補強。所以有寄天庫、還地庫、補水庫，今生所做之功德須在後世使用，所以今世先積天庫在天曹案上，故曰寄天庫。前世所做之事或所欠之冤親債主，不要在今世討之或擾亂，以保事事順利，故曰還地庫。水府掌管現世人之財富，如果水府財庫空虛，現世怎麼有錢，要在水府要補財庫。所以常會將錢雨水都說在一起，把經濟的流動，稱爲「錢水暢通」。

彰化地區較常見水庫錢的圖案造型。

水錢

水錢，是與水庫搭配，水錢綠色，上頭也會貼著小龍標。因爲有庫要有錢，所以常稱這儀式爲燒庫錢，以往燒完庫錢後的灰燼，還需要用紙將其包好，順水流漂走，稱爲寄水府。習慣上庫跟錢要一起使用，通常會是一比一，或一比十，古時候的人常會說這樣才有帶「財庫」，有財無庫，雖然有錢但無法儲蓄，有庫無財也只有空庫，所以錢與庫都要有，但錢庫都有也要有庫官管理，所以庫錢的單位都是以百萬計算，並且需附上一封文疏，表示這些錢是誰所有，由此可見一個神界完整的儲蓄概念。

水錢綠色，上頭也會貼著小龍標。

本章水邊相關的道教醮典中，不難發現在水邊的醮典上，期望水能受到控制而不要造成災害，另一方面，對水上幽魂的濟度，不管是水邊或是海上，便是這些醮典上重要的目的。

各種宗教儀式進行中，水是重要的元素，道教認爲經過火與水的煉度，而達到潔淨的昇華，水可以上升爲氣，氣可布滿整個空間，氣又能凝結爲水，從天而降洗滌汙穢，水又可以流動將物品帶向遠方，水又可集合爲海，包容萬物，水是最爲多元的變化。

水府神明相當多元，水族、財寶、漁獲、航行、水患，都是水府眾神重要的業務，人民敬奉水神，期待水府諸神幫忙，不要造成災難，航海的船隻希望人船平安，捕魚的期望能魚蝦滿儎，這都是對水所給予的一切的一個尊敬。

金生水，爲五行相生之道理，因而演化出水能聚財，錢水活絡的經濟繁榮象徵。天、地、水三元素，先天水庫的豐滿，而帶來此世的富有，讓水有一種富饒的象徵。

結語

本書列舉了台灣的民間習俗與信仰儀式中的水邊行事，以庶民生活、逐月祭祀、神鬼信仰、祭典儀式等四大類的水邊行事。從泉水到海洋；由一月到十二月；尋神訪鬼；講解科儀背後的意義與漢人民間信仰的觀念，用一個個案例與圖片與大家分享台灣的水邊行事。

庶民生活的相關水邊行事，從自然湧出的泉水，到人工開鑿的古井，再到水堀、湖、潭、埤、圳等水利設施的祭祀。河川、溪流可帶來財富，也可在一夕之間毀去，如何學習與水共存共榮，是在河邊討生活辛苦的寫照。千川萬水終歸於海，面對浩瀚海洋，更是敬畏與期待，祭祀更爲虔誠，古人說：「靠山拜埔；臨海拜滬」，便是庶民生活的寫照。

一年十二個月相關的水邊行事，會因那個月與水接觸的多寡，與水有關的年中行事也有變化，常常在水邊活動的時節，相對水的重要性也變多，像五月與端午節相關的習俗；七月中元祭的主要祭祀活動，爲安撫無主的「好兄弟」或「歹物仔」。請祂們不要危害人們身體健康、精神穩定與居家安全。年底則展現對萬物的感恩，祈求新的一年災厄消除。這就是台灣人的年中行事。

住在水邊的人，保留了許多水邊文化，順著水漂流而來的神明、物品、無人祭祀的屍體，人們將其祭祀起來，以保佑地方的平安。水雖柔軟，但卻充滿力量，如何讓其順其道而行，這是先民們一直在努力的目標，水能載舟亦能覆舟，先民們配合神明在水邊設立許多厭勝物，讓溪水平順。水難發生後，選擇時間祭拜眾神與好兄弟，閩南人「拜溪」、「做水醮」等；客家人「祭河神」、「完水福」，都是在感謝上蒼讓子孫能安

換錢水。

穩在此地生活，留存許多相關神明移溪、擋水的故事，從水邊的祭祀中，更能看到水文化是如此多元。

水可以上升為氣，氣可布滿整個空間，氣又能凝結為水，從天而降洗滌汙穢，水又可以流動將物品帶向遠方，水又可集合為海，包容萬物，水可以是最為多元的變化。金生水，為五行相生之道理，因而演化出水能聚財，錢水活絡的經濟繁榮象徵。天、地、水三元素，先天水庫的豐滿，而帶來此世的富有，讓水象徵著富饒更是為未來的無限寄望。

綜觀上述這些習俗，水具有洗淨的作用，可以清除穢氣、不淨與不幸之氣。民間信仰中，萬物皆有靈，自

嘉義縣太保市魚寮保安宮送王船。

然界的日月星辰山川樹木皆有神，此為民間信仰中自然信仰的部分。但是人工設施的井、圳也皆有神，這是庶物信仰的部分，也是東方民族對天地萬物一種崇敬的心理。

水之漂流的特性也利於放水燈、送王船的儀式活動。燒王船是除瘟的意思，把不好的瘟疫之氣由河水或海水送走，顯示漂流的特性所蘊含的潔淨力，民眾對此有所認知。河川與海流之漂流性而產生之潔淨力。

漢民族一向有飲水思源、木有本水有源的本源觀，台灣漢人水邊行事中，在海邊刈水香、請水、上白礁、上香山等儀式活動，彰顯出漢文化理念對本源的看重，在海邊設壇遙祭祖廟。因此水既隱喻源頭，水也象徵阻隔，民間儀式在無言中述說了我們對現實的認知，與對源頭的尊重。

參考書目

一、史料

片岡巖《台灣風俗志》，台北：南天出版社（複刻），一九二一（一九九四）。
片岡巖著、陳金田，馮作民合譯《台灣風俗志》，台北：大立出版社，一九八一。
王必昌《重修台灣縣志》，一七五二（乾隆十七年），台文叢第一一三種，一九六二。
江日昇《台灣外記》，一七〇四（康熙四十三年），台文叢第六〇種，一九六〇。
余文儀《續修台灣府志》，一七六〇（乾隆二十五年），台文叢第一二一種，一九六二。
沈茂蔭《苗栗縣志》，一八九二（光緒十八年），台文叢第一五九種，一九五八。
周元文《重修台灣府志》，一七一八（康熙五十七年），台灣文獻叢刊第六六種，一九六〇。
周鍾瑄《諸羅志》，一七一九（康熙五十八年），台文叢第一四一種，一九五八。
周璽《彰化縣志》，一八二六（道光六年），台文叢第一五六種，一九五七。
林棲鳳、石川流、曾敦仁、陳國瑛、蘇鳳翔、林師聖、楊文顯、吳尚新、蔡國香、蘇德純、吳廷箎、黃本淵、黃化鯉、吳春祿、翁守訓、陳肇昌《台灣釆訪冊》，一八三〇（道光十年），台文叢第五五種，一九五九。
姚瑩《東槎紀略》，一八二一（道光元年），台文叢第七種，一九五七。

柯培元《噶瑪蘭志略》，一八三七（道光十七年），台文叢第九二種，一九五八。
相良吉哉《台南州祠廟名鑑》，一九三三（昭和八年），台南：台灣日日新報台南支局。
范咸《重修台灣府志》，一七四七（乾隆十二年），台文叢第一〇五種，一九六一。
高拱乾《台灣府志》，一六九六（康熙三十五年），台文叢第六五種，一九六〇。
屠繼善《恆春縣志》，一八九四（光緒二十年），台文叢第七五種，一九六〇。
陳文達《鳳山縣志》，一七一九（康熙五十八年），台文叢第一二四種，一九六一。
陳文達《台灣縣志》，一七二〇（康熙五十九年），台文叢第一〇三種，一九六一。
陳淑均《噶瑪蘭廳志》，一八五二（咸豐二年），台文叢第九二種，一九六三。
陳朝龍《新竹縣采訪冊》，一八九四（光緒二十年），台北：行政院文化建設委員會，二〇一一。
陳壽祺《福建通志台灣府》，一八三九（道光十九年），台文叢第八四種，一九六〇。
黃典權《台灣南部碑文集成》，一九六六，台文獻第二一八種。
黃叔璥《台海使槎錄》，一七三六（乾隆元年），台文叢第四種，一九五七。
鈴木清一郎《台湾旧慣婚葬祭と年中行事》，一九三四（昭和九年），台北：南天書局，一九九五。
台灣銀行經濟研究室編《清代台灣大租調查書》，台文獻第一五二種，一九六三。

台灣銀行經濟研究室編《清會典台灣事例》，一八九九（光緒二十五年），台文叢第二二六種。

台灣總督府內務局《河川整理ノ促進ニ関スル産業調査書》，一九三二（昭和七年），台北：台灣總督府內務局。

增田福太郎《台灣の宗教》，一九三九（昭和十四年），台北：南天書局，一九九六。

蔣毓英《台灣府志》，一六八五（康熙二十四年）：台北：行政院文化建設委員會，二〇〇四。

鄭用錫《淡水廳志稿》，一八三四（道光十四年），台北：行政院文化建設委員會，二〇〇六。

鄭鵬雲、曾逢辰《新竹縣志初稿》，一八九八（明治三十一年），台文叢第六一種，一九五九。

盧德嘉《鳳山縣採訪冊》，台文叢第七三種，一九六〇。

臨時台湾土地調查局《台湾土地慣行一斑（第二編）》，一九〇五（明治三十八年），台灣：台湾日日新報社。

薛紹元《台灣通志》，一八九二（光緒十八年），台文叢第一三〇種，一九六一。

二、戰後方志

石暘睢《台南縣志》卷二〈人民志〉，一九八〇，台南：台南縣政府。

李明進《萬丹鄉采風錄（增二版）》，二〇〇四，屏東：屏東萬丹鄉采風社。

板橋市志續編編輯委員會《板橋市志》續編，一九九七，台北：板橋市公所。

林德政《安南區志》，一九九九，台南：安南區公所。
苑裡鎮志編輯委員會《苑裡鎮志》，二〇〇二，苗栗：苑裡鎮公所。
陳巨擘《佳里鎮志》，一九九八，台南：佳里鎮公所。
黃文博、謝玲玉《後壁香火》，二〇〇一，台南：財團法人泰安旌忠文教公益基金會。
新莊市志編輯委員會《新莊市志》，一九九八，台北：新莊市公所。
劉水棟《湖內鄉鄉誌》，一九八六，高雄：湖內鄉公所。
謝瑞隆《北斗鄉土誌》，二〇〇五，彰化：北斗鎮公所。

三、專書

B. Rifin（李福清）《從神話到鬼話——台灣原住民神話故事比較研究》，一九九八，台中：晨星出版。
下營鄉甲中社區發展協會《下營鄉甲中耆老說故事》，二〇〇〇，台南：下營鄉甲中社區發展協會。
王富家《鹽水鎮坌頭港人文廟史》，二〇〇六，台南：鹽水鎮公所。
全國寺廟委員會《全國佛刹道觀總覽》天上聖母南區地方專集中冊，一九八六，台北：樺林。
何培夫《南瀛古碑誌》，二〇〇一，台南：台南縣文化局。

何培夫《台灣的民俗辟邪物》，二〇〇一，台南：台南市政府。
吳茂成《台江庄社家族故事：台江歷史文化自然生態資源研究手冊》，二〇〇三，台南：安東庭園社區管委會。
吳進喜《台灣地名辭書：卷五．高雄縣（第一冊）》，二〇〇〇，南投：國史館台灣文獻館。
李秀娥《祀天祭地——現代祭拜禮俗》，一九九九，台北：博揚文化。
阮昌銳《植物動物與民俗》，一九九九，台北：國立台灣博物館。
周政賢《南瀛樹神誌》，二〇〇九，台南：台南縣政府。
林聖欽、顏明進、曾鈺眞、莊婉瑩、孫細、李欣儒、翁健仁、孔慶麗、翁蕙君、陳岫傑、鄭永祥、林永穗、張瑋蓁、董秀婷、莊蕙如、林佳慧、賴素娥、薛毅白《台灣地名辭書：卷七．台南縣》，二〇〇二，南投：國史館台灣文獻館。
徐福全《台灣民間祭祀禮儀》，一九九六，新竹：國立新竹社會教育館。
張素玢《歷史視野中的地方發展與變遷——濁水溪畔的二水、北斗、二林》，二〇〇四，台北：台灣學生書局。
張素玢《濁水溪三百年——歷史·社會·環境》，二〇一四，新北：衛城出版。
陳丁林《南瀛藝陣誌》，一九九七，台南縣立文化中心。
陳秀琍、黃建龍、陳信安、謝佳芸、紀幸芯《府城百年濱海道：從青草崙到南莣橋》，二〇一四，台南：台南市政府文化局。
陳彥仲《台灣藝陣》，二〇〇三，台北：遠足文化。
陳美玲《台灣地名辭書：卷八・嘉義縣（上）》，二〇〇八，南投：國史館台灣文獻館。
陳國川、翁國盈《台灣地名辭書：卷八・嘉義縣（下）》，二〇〇八，南投：國史館台灣文獻館。
鹿憶鹿《洪水神話——以中國南方民族與台灣原住民爲中心》，二〇〇二，台北：里仁書局。
曾俊銘《鹿仔草鄉土行踏三》，二〇一〇，嘉義：鹿草鄉公所。
黃文博、涂順從《南鯤鯓代天府》，一九九五，台南：台南縣立文化中心。
黃文博《南瀛五營誌（溪北篇上卷）》，二〇〇四，台南：台南縣政府。
黃文博《南瀛五營誌（溪北篇下卷）》，二〇〇四，台南：台南縣政府。
黃文博《南瀛五營誌（溪南篇）》，二〇〇六，台南：台南縣政府。
黃文博《南瀛石敢當誌》，二〇〇二，台南：台南縣文化局。
黃文博《南瀛辟邪物誌》，二〇〇七，台南：台南縣政府。
黃文博《南瀛廟會儀式誌》，二〇一〇，台南：台南縣政府
黃文博《樹王公傳奇：台南縣珍貴老樹的源流與掌故》，一九九五，台灣省政府農林廳。

黃明雅《南瀛聚落誌》，二〇〇六，台南：台南縣文化局。
溫宗翰《台灣端午節慶典儀式與信仰習俗研究》，二〇一三，新北：花木蘭文化出版社。
葉鈞培《金門辟邪物》，一九九八，台北：稻田出版。
台灣省文獻委員會《台南縣鄉土史料》，二〇〇〇，南投：台灣省文獻委員會。
劉萬枝《台灣民間信仰論集》，一九八三，台北：聯經出版。
戴文鋒《在地的瑰寶：永康的民俗祭儀與文化資產》，二〇一〇，台南：永康市公所。
戴文鋒《第二屆府城媽祖行腳》，二〇〇二，台南：台南市文化資產保護協會。
戴文鋒《第三屆府城媽祖行腳活動手冊》，二〇〇三，台南：台南市文化資產保護協會。
謝瑞隆、洪慶宗、林建成《文化古堡——戀戀北斗風情》，二〇〇五，彰化：彰化縣文化局。
謝瑞隆《東螺風土記》，二〇一五，彰化：北斗鎮公所。
謝瓊儀《濁水溪相關傳說探析》，二〇一三，台北：蘭台出版社。
簡辰全、周茂欽、洪郁程、許書銘《南瀛神明傳說誌》，二〇一〇，台南：台南縣文化局。
顏文賀《急水溪畔——下營鄉》，二〇〇一，台南：台南縣政府。
戴文鋒・楊家祈《神行台江：神祇與厭勝物傳說》，二〇二二，台南：台江國家公園管理處。

四、論文

（一）學位論文

王瑞興〈安定鄉聚落的發展與變遷〉，國立台南大學台灣文化研究所碩士論文，二〇〇八。

林春美〈台南市安南區聚落的發展與變遷〉，國立台南大學台灣文化研究所碩士，二〇〇九。

張二文《美濃土地伯公之研究》，國立台南師範學院鄉土文化研究所碩士論文，二〇〇二。

馬鉅強〈日治時期台灣治水事業之研究〉，國立中央大學歷史研究所碩士論文，二〇〇五。

陳育麒〈宜蘭水難的環境背景與「拜馺」（pai-poh）儀式的形成〉，國立台灣大學歷史學研究所碩士論文，二〇〇九。

陳岫傑〈台南縣倒風內海人境化之研究（一六二四－一九一一）〉，國立台灣師範大學地理學系碩士論文，二〇〇一。

陳胤霖〈台南市安南區傳統村落祭祀空間之研究〉，國立成功大學建築學研究所碩士論文，二〇〇一。

陳桂蘭〈台南縣民宅門楣辟邪物研究〉，國立台南大學台灣文化研究所碩士論文，二〇〇一。

曾麗娟〈戰後（一九四五－二〇〇七）台灣西南地區蜈蚣閣之發展〉，國立台灣師範大學歷史學系在職進修碩士論文，二〇〇八。

黃皎怡〈明鄭與清領時期下營地區聚落演變與民宅構成之研究〉，淡江大學建築研究所碩士論文，二〇〇四。

楊家祈〈臺南拜溪墘祭儀與聚落變遷之研究〉，國立臺南大學臺灣文化研究所碩士論文，二〇一五。

（二）期刊論文

王詩琅〈扒龍船和謝江〉，《台北文物》五（四），一九五七，頁一一七。

石陽睢〈台南の石敢當〉，《民俗台灣》第二卷第五號通卷第十一號台南特輯，一九四二。

李進億〈淡水河下游地區的「水信仰」——以水神及水鬼崇拜爲中心〉，《台灣風物》五十八卷第一期，二〇〇八。

林玉茹〈潟湖、歷史記憶與王爺崇拜——以清代鯤身王信仰的擴散爲例〉，《台大歷史學報》第四十三期，二〇〇九。

徐泓〈清代台灣天然災害史料補證〉，《台灣風物》第三十四期第二卷，一九八四。

張瑞津、石再添、陳翰霖〈台灣西南部嘉南海岸平原河道變遷之研究〉，《師大地理研究報告》第二十七期，一九九七。

張瑞津、陳翰霖〈十七世紀台灣西南海岸平原主要河流之河道變遷研究〉，《中國地理學會會刊》第二十七期，一九九九。

陳清誥〈鐵線橋記略〉，《南瀛文獻》第九卷合刊，一九六四。

黃明雅〈新營市姑爺里姑爺、莿桐腳、挖仔聚落採訪錄〉，《南瀛文獻》第五輯，二〇〇六。
盧家興〈八掌溪與青峯闕〉，《南瀛文獻》第九卷合刊，一九六四。

（三）論文集論文

張素玢〈洪患、聚落變遷與傳說信仰——以戊戌水災爲中心〉，《二〇〇五年彰化研究學術研討會——濁水溪流域自然與人文研究論文集》，二〇〇五。
溫振華〈鄭成功治水神格形成試探——以台中縣爲例〉，《台中縣開發史學術研討會論文集》，二〇〇三。
謝宜文〈右堆地區客家人的祭河神祭典〉，《屏東縣傳統藝術研討會論文集》，二〇〇四。

（四）研究計畫報告書與其他論文

王俊凱〈雲林縣口湖鄉台子村甲申（二〇〇四）年迎客王祭典紀實〉，《台灣文獻》五十六（二），二〇〇五，頁一〇三—一二八。
吳建民〈日據時期台灣水利史簡介〉，《台灣地區水資源史》第四篇，二〇〇〇。
林美容〈鬼的民俗學〉，《台灣文藝新生版》三，頁五九—六四，收入《台灣文化與歷史的重構》，台北：前衛，一九九六，頁一六七—一七四。
林美容〈海洋宗教與民俗——從媽祖與王爺信仰說起〉，邱文彥主編《海洋文化與歷史》，台北：胡氏圖書，二〇〇三，頁七一—八八。

林美容〈從本源分離——漢人社會的本源觀念〉，英國倫敦政經學院人類學系學術研討會發表論文，一九九八年五月十六－十七日。
林美容〈媽祖與水利〉，《七星農田水利》二一，一九九七，頁六二－六五。
林美容〈台灣「五日節」民俗及其意義的流變——籲訂端午節爲「藥草節」〉，《台灣文獻》五四（二），二〇〇三，頁三三－四九。
林美容〈台灣的海洋宗教與民俗——從媽祖信仰說起〉，《媽祖信仰與台灣社會》，台北：博揚文化，二〇〇四，頁二八〇－二八一。
林美容〈台灣觀音信仰的主要型態——兼論民間佛教與民間信仰的關係〉，譚偉倫主編《民間佛教研究》，香港中文大學人間佛教研究中心「人間佛教研究叢書」第二冊，北京：中華書局，二〇〇七，頁十五－三一。修訂稿刊於《台灣文獻五九（一）》，南投：國史館台灣文獻館，二〇〇八，頁一－二〇。
邱偉欣、林良憲〈尋與巡——林園鳳芸宮媽祖海上巡香踏查〉，《高雄文獻》第三卷第二期，高雄：高雄市立歷史博物館，二〇一三年版。
金紹興、張秉權〈日據時期台灣洪水災害〉，《台灣地區水資源史》第四篇，二〇〇〇。
徐泓〈清代台灣洪災與風災史料補證〉，《清代台灣天然災害史料彙編》，國科會防災科技研究報告七二－〇一號，一九八三。
張慶宗《探訪大安——大安人文采風（二）聚落人文采風——大安鄉藝文資源調查計畫》，台中：大安鄉公所，二〇〇二。

曹永和、林玉茹〈明清台灣洪水災害之回顧及其受災分析〉，《台灣地區水資源史》第三篇，二〇〇〇。
曹永和〈台灣水災史——台灣清代之水災與風災〉，《台灣水災之研究》，台灣研究叢刊第九一種，一九六七。
葉春榮〈厝、祖先與神明：兼論漢人的宇宙觀〉，《台灣本土宗教研究：結構與變異》台北：南天，二〇〇六。
劉還月〈謝水神祈甯安：竹南中港的祭江與洗港風俗〉，《台灣的歲節祭祀》台北：自立晚報社，一九九一，頁七三－八一。
劉還月《台灣民間信仰小百科（迎神卷）》，台北：台原出版社，一九九四，頁五五－五六。
賴恒毅〈水仙尊王與台北屈原宮〉，《台灣史料研究》第二十六期，頁三一－四八，二〇〇五，台北：吳三連台灣史料中心。
藍懷生〈漫談故鄉宜蘭昔日的中元普渡及放水燈〉，《蘭陽一〇》，一九七七，頁一〇七－一一九。

水邊行事

作　　著　林伯奇、林美容
責任編輯　楊佩穎
美術編輯　江孟達設計工作室
封面設計　Nico Chang

出 版 者　前衛出版社
10468 臺北市中山區農安街153 號4 樓之3
電話：02-25865708 ｜傳真：02-25863758
郵撥帳號：05625551
購書・業務信箱：a4791@ms15.hinet.net
投稿・編輯信箱：avanguardbook@gmail.com
官方網站：http://www.avanguard.com.tw

出版總監　林文欽
法律顧問　陽光百合律師事務所
總 經 銷　紅螞蟻圖書有限公司
11494 臺北市內湖區舊宗路二段121 巷19 號
電話：02-27953656 ｜傳真：02-27954100

出版日期　2023 年10 月初版一刷
定　　價　新臺幣550 元

ISBN：978-626-7325-40-7
EISBN：9786267325391（EBUB）
EISBN：9786267325384（PDF）

＊請上『前衛出版社』臉書專頁按讚，獲得更多書籍、活動資訊
https://www.facebook.com/AVANGUARDTaiwan

國家圖書館出版品預行編目 (CIP) 資料

水邊行事 / 林美容, 林伯奇著. -- 初版. -- 臺北市：前衛出版社, 2023.10
面；　公分
ISBN 978-626-7325-40-7(平裝)

1.CST: 民間信仰 2.CST: 民俗活動 3.CST: 臺灣

271.9　　112013903